10分钟读懂
社交礼仪

高子馨　赵若婵　张芷菡◎著

中华工商联合出版社

图书在版编目（CIP）数据

10分钟读懂社交礼仪 / 高子馨，赵若婵，张芷菡著.
北京：中华工商联合出版社，2025. 5. -- ISBN 978-7
-5158-4252-3

Ⅰ．C912-49

中国国家版本馆CIP数据核字第202549R5L8号

10分钟读懂社交礼仪

作　　　者：	高子馨　赵若婵　张芷菡
出　品　人：	刘　刚
图书策划：	蓝色畅想
责任编辑：	吴建新　林　立
装帧设计：	胡椒书衣
责任审读：	付德华
责任印制：	陈德松
出版发行：	中华工商联合出版社有限责任公司
印　　　刷：	北京毅峰迅捷印刷有限公司
版　　　次：	2025年5月第1版
印　　　次：	2025年5月第1次印刷
开　　　本：	710mm×1000mm　1/16
字　　　数：	183千字
印　　　张：	13.5
书　　　号：	ISBN 978-7-5158-4252-3
定　　　价：	56.00元

服务热线：010-58301130-0（前台）

销售热线：010-58302977（网店部）
　　　　　010-58302166（门店部）
　　　　　010-58302837（馆配部、新媒体部）
　　　　　010-58302813（团购部）

地址邮编：北京市西城区西环广场A座
　　　　　19-20层，100044

http://www.chgscbs.cn

投稿热线：010-58302907（总编室）

投稿邮箱：1621239583@qq.com

工商联版图书
版权所有　盗版必究

凡本社图书出现印装质量问题，
请与印务部联系。

联系电话：010-58302915

前 言

在这个信息爆炸的时代，懂得社交礼仪显得越来越重要。不擅长与人交往的人，在这个社会中寸步难行，相反，擅长社交的人更容易在社会上安身立命。因为懂社交礼仪的人会通过自己的言谈举止得到别人的认可，并让事情向着自己期望的发展方向进行。

然而，社交礼仪并非与生俱来的，而是长期积累的结果。如果想要短期内提高，并娴熟地在各种场合中运用，似乎不太现实。但是我们又迫不及待地想提高我们的社交能力，怎么办呢？我们只能通过大量的社交案例进行强化练习，从别人的例子中获得经验，然后加以练习，在练习过程中逐渐养成社交能力。当然，这个过程是极其煎熬的，你需要改变自己原来的社交模式，重新养成一套新的社交习惯。但只要我们有足够的信心和勇气，相信一定能达成目标。

本书从实际的社交案例入手，用最简洁的语言告诉读者，在什么样的情况下有怎样不同的社交礼仪。难能可贵的是，本书还特别人性化地配上了有趣的场景插图，让阅读过程变得更加生动有趣，有助于化解学习过程中的枯燥情绪。但要注意本书并非一套万能公式，它只是给你提供方法和建议，协助你在社交方式上做出改变。更多的还需要依靠你自身的毅力，加以尝试和突破，再配合本书的引导，才能让你逐渐成为社交小能手。

相信在本书的帮助下，能使读者在短时间内领会社交的魅力，懂得如何在生活中待人接物，变成一个热情开朗、待人以善的人。

目录

第一章
初次见面，
让人一下子记住你

投去你会心的一笑 /2
真诚地跟对方握手 /6
介绍别人的同时引荐自己 /10
举手投足要符合身份 /14
精彩地介绍自己的名字 /18
谈话幽默，对方才愿意靠近你 /22

第二章
衣着整洁大方，
才能给人舒服的感觉

服装是你的另一张脸 /28
衣着打扮代表了一个人的形象 /32
佩戴装饰品可以给你加分 /36
鞋子搭配至关重要 /39
养好你的精气神 /42
摘下帽子谈话更合礼仪 /45

第三章
肢体动作不骄不躁，是
俘获人心的关键

坐得自信庄重而不失优雅 /50
站得端庄大方而不失平和 /53
行得沉着稳重且凝聚气场 /56
举止恰到好处又彬彬有礼 /59
不随便勾肩搭背 /62

第四章

有礼有"距"，
与人相处更融洽

与人相处应该互帮互助 /66
接打电话不要随意张扬 /75
接待朋友要以礼相待 /80
谈话时尽量避开别人的痛处 /85
不是所有人都值得深交 /90
帮助长辈端茶倒水 /95

第五章

待客之道，
一张一弛

以茶待客尽地主之谊 /102
赠送精挑细选巧包装的礼物 /106
和颜悦色地化解僵局 /111
格局打开，学会巧妙打圆场 /116

第六章

出席宴会，
注意餐桌礼仪

赴宴前的注意事项 /122
用餐文雅，轻声说话 /127
举杯敬酒要尊卑有序 /132
离席时也要注意礼貌 /142

第七章
通信联络，
不见面的礼数

注意打电话的礼节 /148
邮件往来注意格式和语言 /152
网络社交需注意的细节 /157

第八章
对外交往，
相互尊重

谦虚是中华民族的传统美德 /164
尊重他国习俗 /169
赠送礼物要有来有往 /173
参与舞会的礼节要掌握 /177

第九章
面对交际突发事件，
别让不懂礼仪害了你

巧用自嘲化解窘境 /184
寻找化解矛盾的方法 /189
面对指责微微一笑 /194
巧妙拒绝无理要求 /199
说话干脆不啰嗦 /202

第一章　初次见面，让人一下子记住你

在现实交往中，有些人招人喜欢，有些人惹人讨厌，为什么？重要因素之一就是人与人之间的第一次见面。第一次见面可以给彼此留下很多信息，而这些信息构成了对方眼里的第一印象。好的印象可以成为彼此"缘分"的开端，让彼此有更长久的友谊。

那么，怎么才能让对方在第一次见面时对你产生好感并记住你？这就需要注意很多细节了，这些细节都会在本章中讲解，并给出具体的训练方式。

投去你会心的一笑

在生活中，微笑的作用是非常强大的，因为微笑有很温暖的力量，它能够缩小人与人之间的距离。微笑有特殊的作用，它有着"和善""没有敌意"等含义，这些都是有助于增进人与人之间距离的元素。

表情严肃的人，让人有距离感，很难在第一次见面给人留下好感。道理很多人都知道，但有些人却始终保持着严肃的表情。这到底是什么原因呢？

我想知道，我为什么没法微笑呢？

其实，表情严肃的人，分为几种：

第一种人，是过于专注的人，他们过于专注在自己的事情或者思维世界中，忘记了身边其他事物或者他人的感受，从而忽略了微笑的动作。

第二种人，是对他人存有敌意的人，认为陌生人可能会伤害他们，所以时刻保持警惕，于是严肃的表情就表露出来了。

第三种人，是因为他正处于不开心的时候，或者由于最近心情不好，无法做出微笑的表情。

不管是哪一种，过于严肃总是不好的。虽然别人不会那么在意你的表情，但是对于第一印象而言，就会给人留下刻板印象——你就是一个严肃的人，不能跟你多说话。

那怎么才能习惯对人微笑呢？方法还是要从源头找起。对于过分专注于自己的人，需要有人从旁提醒，让他时刻注意他人的感受，控制自己的表情，从而让对方感觉到温暖。

对于防备心过重的人，需要有专业的心理医生开导，设法让他放轻松。这是一个复杂的心理引导过程，也许跟他童年的生活环境有关，也许与成年后的生活有关，需要他人更多的关心和心理干预。

> 这个人不会是小偷吧。

还有一种就是情绪不好的人，这并不是一种习惯性行为，只是特殊状况。如果心情不好，不微笑是可以的，如果已经尝试去微笑还是无法做到，那就不要再勉强自己，放开自己的心胸，让自己的悲伤表露出来吧，这并不会让你变得永远都不微笑的。

> 不好意思，我失恋了，没法开心起来。

5

真诚地跟对方握手

握手,是一种礼节,代表了一种态度。不同的握手方式,表现出不同的情感态度。如果我们都有所了解,就可以在各种场合游刃有余,不会闹出笑话。

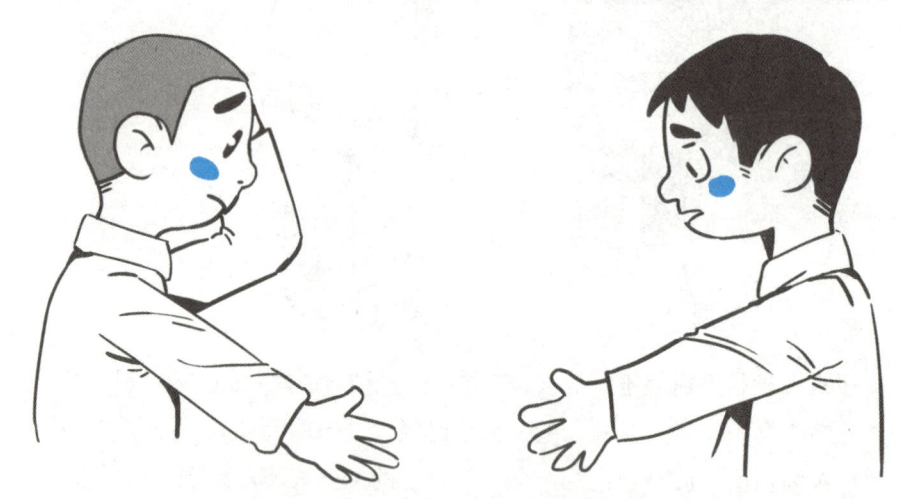

握手的重要性我们已经说了,下面我们直接进入主题,告诉大家该如何正确握手,握手都有哪些细节要注意,每个细节都代表什么。

首先,握手的姿势要优雅。行握手礼时,上身应稍稍往前倾,两足立正,伸出右手,距离受礼者约一步,四指并拢,拇指张开,与受礼者握手,礼毕后松开。距离受礼者太远或太近都是不雅观的,尤其不要将对方的手拉近自己的身体区域内,这很容易造成对方的误解。尤其是对于男性,更不可这样做。

握手有几点禁忌，下面我们来说一下：

1. 忌用左手。握手时须用右手，尤其在和外国人握手时，慎用左手与之相握。如果是右手有手疾或太脏，需用左手代替右手时，应先声明原因并致歉。

2. 忌戴手套。与人握手时，不可戴着手套。

3. 忌不专心。施握手礼时应专心致志，面带微笑看着对方，切忌左顾右盼、心不在焉。

4. 忌坐着握手。除非是年老体弱或者身体有残疾的人，否则握手双方应当站着而不能坐着握手。

5. 忌顾此失彼。在握手时如果有几个人，而你只同一个人握手，对其他人视而不见，这是极端不礼貌的。同一场合与多人握手时，每个人的握手时间应大致相等，若握手的时间明显过长或过短，也有失礼仪。

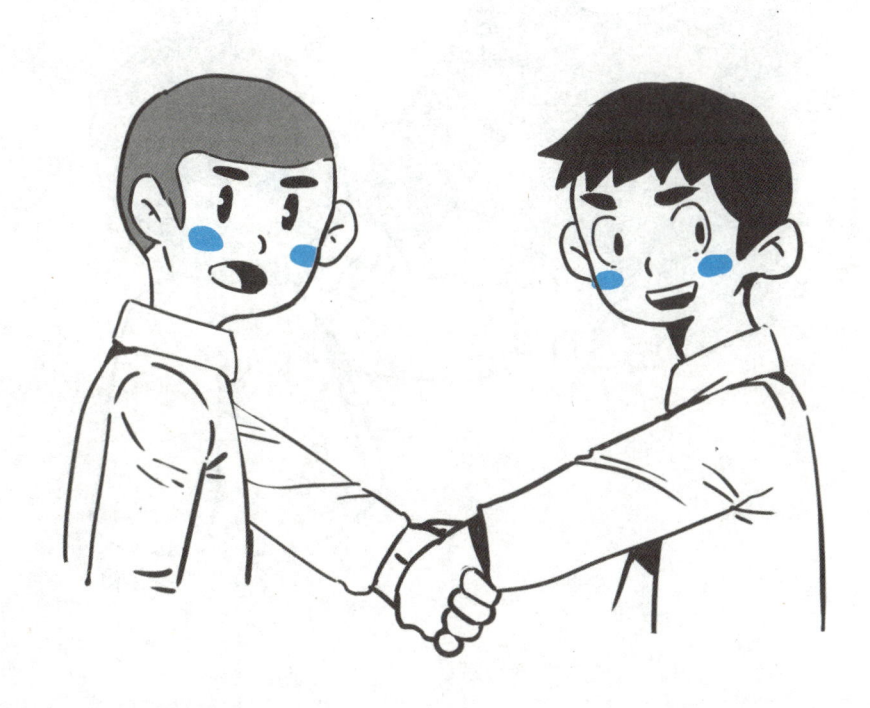

其次，对不同人有不同的握手姿势和要求。比如，跟女士握手时，要等女士先伸出手后再去握住她的手。在握手力度上，陌生人之间握手，不适合太用力。如果你是长辈或领导，可以在握住手后，伸出左手轻拍对方的肩膀或者右手，表示你对他的关照。

谢谢关照。

在正式场合，握手时伸手的先后次序主要取决于职位、身份。在社交、休闲场合，则主要取决于年龄、性别、婚否。你应该尊重对方与你握手的意愿，而不是先伸手强迫对方与你相握。你可以流露出想要结识对方的意向，却不能莽撞地拉对方的手。毕竟有些人不习惯与人握手，所以如果贸然伸手，很可能会造成尴尬。

介绍别人的同时引荐自己

很多人为了介绍别人而忽视了自己,这对自身而言是一种不够积极的生活态度。在实际生活中,我们要适当地介绍自己。

只要我们会表演

人生到处都有舞台

生活中不会引荐自己的人,大多数没有这种意识。在介绍别人时,通常是最好的表现机会,但是具体要怎么做,还需要多琢磨。因为,习惯和强迫自己去表现是两回事,我们要养成一种习惯,做到融会贯通,不仅仅在介绍别人的时候会表现,在别的场合下也会表现。

你以为我的包是用来装东西的吗?其实它是我生活中的道具而已。

一个人在介绍别人的同时，也要顺便多说说自己的情况，这其实是一件很有礼貌的事，而且是对对方的尊重。很多人说，在介绍另外两个人互相认识的时候，不就证明被介绍的这两个人都与你相识，还用得着再介绍自己吗？其实不尽然。虽然对方认识你，但是他未必了解你跟你朋友之间的关系。

你们是我介绍认识的，你们聊吧，没事我就先走了。

　　所以介绍两个人认识，要顺便说说自己跟彼此的关系，比如向你老师介绍你弟弟时，你可以跟你的老师说："这是我弟弟，我从小看着他长大，他学习成绩很好，我也经常帮助他。"这样一来，你老师不仅认识了你弟弟，还了解了你和你弟弟之间的关系如何。这是一种礼节，其实也是在给自己增加一些机会。

另外，进行介绍的时候，不要抢话，先介绍完对方，再有条理地介绍自己。而且在不同的场合、对不同的人，介绍自己的方式也都不一样，要按照需求进行判断。比如，当介绍同事给你的顾客认识时，你就要趁这个机会顺带介绍自己的能力或特长。你可以这么说："你好，这是我的同事。平时我很照顾他，他要是有什么事情搞不定，我一定会帮他处理，所以平时我们的关系很好。"

这样介绍完后，你的顾客自然而然就会认为你的能力比你同事的能力强了。在其他情况下也是同理。

总之，在介绍别人的同时，也要适当地提及自己。

介绍完之后直接开始聊天，就会显得过于生硬，最好是适当提及自己的事，就能让双方都对对方与你的关系有所了解，这是最好不过的。既照顾了双方的"好奇心"，又能从中突出自己。

举手投足要符合身份

身份是通过外表、行为以及语言体现出来的，不同身份的人，举手投足都会有所不同。当然，这里并不提倡可以用"表演"的方式突出自己，而是要表明一个观点，你的行为举止要符合你的身份，让他人一眼就能看出来。

从外表、举止中自然地体现你的身份，是一种真诚的态度。是学生，就应该穿得青春、有活力；是白领，上班时就要西装革履……千万不要跟风，衣着打扮要配合你的身份。

那么，我们应该怎么做，才能符合身份呢？我们需要从两方面入手，一是穿着，二是行为。而最重要的是行为，它能体现一个人的涵养。先说穿着。其实穿着上不需要多昂贵，而是要穿着得体。干净整洁是首要的，然后才是好不好看。一个人不管去哪里，穿着不整洁都是对他人的不尊重。所以，只要你的衣服是干净且整洁的，哪怕有补丁也没关系，那也是对他人的尊重。

不怕，因为我的裙子很干净整洁，破的地方我已经缝好了。

老师，你不怕别人笑你的裙子有补丁吗？

再说说行为。我们要做符合自己身份的事情，不做虚伪的"表演"。是医生，就建议他人如何保持身体健康；是老师，就建议他人如何教育好孩子；是画家，就要有美的积极追求。当然了，不管你的身份是什么，有一些基本的行为准则还是要注意的，那就是行事为人要落落大方，不可唯唯诺诺，言谈要诚恳、自信，不可遮遮掩掩。

但是并非所有人都有良好的行为和语言习惯，有些人不够自信，有的人习惯说脏话。这就需要我们平常加以自我约束，从点滴做起，每次做了不该做的事、说了不该说的话时，都要深刻反省。

今天说了三次脏话，太不应该了。

另外，要注意穿着打扮，不过分、不夸张，干净整洁即可。不同行业的人，有不同行业的穿着标准，按需搭配即可。

我是名医生，我要穿得专业整洁，让病人能信任我。

精彩地介绍自己的名字

陌生人见面，通常要先介绍自己的名字，这是一个很好的表现自己的机会，因为这是两人之间的第一句话，这一句说得好，就能给对方留下深刻的印象。

如何介绍自己的名字，也是一个学问。直接说名字是最没有新意的介绍方式，会让对方无感。如果要让对方对你的名字有好感，听到名字就马上记住你，就需要对你的名字进一步解析。

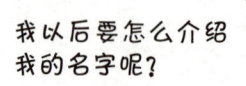

每个人的名字都是长辈带着期望而取的，所以名字是有故事的。我们介绍自己名字的时候，一定要把你名字的故事说出来。

　　比如，有个人叫李丽，很普通的名字，但是她说了自己名字的来历之后，瞬间变得不普通了。她说："我的名字叫李丽，这个名字很普通，但是它的来历很不简单。爸妈告诉我，我出生时难产，妈妈流血过多，又遇到血库缺血，幸好这时一位护士发现她的血型跟我妈妈的一样，于是主动为我妈献血，这才让我妈和我平安度过危险期。那个护士也姓李，名字就叫李丽。爸妈为了让我记住我的恩人，于是给我取名叫李丽。同时，我的名字时刻提醒我，人一定要懂得感恩。"

　　你看，一旦把名字的故事说出来后，是不是很容易就被人记住了？

当然，如果你的名字确实没有故事，你也可以换一种方式，比如拿自己的名字调侃，目的是让人记住你。比如，有个人叫韩飞，他的名字很普通，也没有故事，他爸妈当年也是随便取个名字。但韩飞跟别人介绍自己的名字时，通常都这么说："我爸妈希望我展翅高飞，所以叫我韩飞，我也希望自己能展翅高飞。以后靠各位多多关照了。"这样的介绍也能给人留下深刻印象。

有些人介绍名字的时候，会拿自己的名字跟别人的名字作一个比较，并以此表明一个愿景。比如，有个人叫刘国峰，他是这么介绍自己的："你好，我叫刘国峰，有个打乒乓球的运动员叫刘国梁，跟我的名字只差一个字，我也希望自己能像他那样为国争光，虽然我只是个厨师。"你看，这看似是一个笑话，也是一个不太严肃的介绍，但是瞬间就让大家记住了他的名字，还记住了他的职业，甚至能让人感受到他对自己工作的热爱。

谈话幽默，对方才愿意靠近你

说话幽默有很多好处，给人感觉平易近人，不招人烦，这是最直接的体现。另外，幽默的说话风格，还能在一定程度上化解很多不必要的误会。比如，当你不小心犯了一个小错误时，就可以用幽默的方式化解，对方能从你的幽默中得到愉悦感，自然原谅你的概率就变得大了。

> 对不起，真的对不起，没想到你的亲和力这么大，就连杯子里的水都喜欢你。

幽默可以淡化人的消极情绪，消除沮丧与痛苦。

具有幽默感的人，生活充满情趣，许多看来令人痛苦烦恼之事，却能应付得轻松自如。幽默还能改善人际关系或摆脱困境，更有利于个人的身心健康、社会的轻松和谐，它是一种高雅的生活情操。

> 每天多点幽默，有利身体健康。

幽默也是一种精神食粮，它可以减少人们的压抑与忧虑，维护心理平衡，给人一种轻松愉快的感觉。

幽默的人天天都开心，因为幽默是人的精神食粮。

那么，怎么才能让自己说话变得有幽默感呢？

最重要的是让自己每天保持愉快的心情，如果你的内心每天都像苦瓜一样苦，势必很难幽默起来。

这么苦，你叫我怎么幽默得起来？

要想让自己学会说话幽默，需要记住四点，它们分别是：

1. 保持乐观情绪，让心态变得积极，让情绪变得乐观。
2. 多看笑话或段子，聊天时把它们讲给别人听。
3. 聊天时被别人的无心之失戳到痛处的时候，不要斤斤计较。
4. 成人的幽默感是建立在学识和对生活深刻洞察的基础上的，所以多读书，经常对生活进行思考，有助于幽默感的提升。

文化对人的影响是潜移默化的，所以在进行以下活动的时候，完全可以高高兴兴、轻轻松松地以娱乐的方式锻炼你的幽默感。

1. 空闲时间可以看些相声小品、脱口秀节目。相声小品多以幽默著称，看了几个之后你就会发现，自己冷不丁地就能说一两句小品台词，也就跟着幽默起来了。

2. 也可以找一些网上的段子。跟第一条的原理是一样的，它也能让你变得幽默起来。

3. 近朱者赤近墨者黑，多结交几个能说会道的朋友，既有趣又长见识，还能拓宽人脉。

总的来说，能从嘴里说出来让人开心和欢喜的话，前提是脑子里得有知识和笑料，需要多积淀。看得多了，听得多了，知道得多了，自然就能说得多了。

第二章　衣着整洁大方，才能给人舒服的感觉

穿着问题是每个人都离不开的问题，如何搭配成了多数人的烦恼。

这之所以成为烦恼，是因为不同的场合见不同的人，也有不同的穿着要求。穿得好，能让一个人在社交场合更吸引人；穿不好，会给人留下混乱的印象，甚至影响个人的发展。

本章带大家去学习各种穿着打扮知识，相信能对大家有所帮助。

服装是你的另一张脸

衣着是内心的外壳,有些人内心优美,必然优雅,若再配上出色的着装,便是锦上添花,魅力倍增。我们优美的内心必须搭配优雅的言谈举止和衣着打扮,这是社会文明的一个重要体现。无论任何年代,衣着都是一个人外表美的包装与再造,不管潮流如何更替,款式如何变化,穿最适合自己的服装才是最明智的选择。而且,只要搭配得宜,再平凡的人,也能让人赏心悦目。

着装是提升个人魅力的重要元素,聪明的人都懂得内外兼修,才可以始终立于不败之地。于是,他们既培养自己的内涵,也培养自己的眼光,用心将自己装扮成一道最靓丽的"风景"。

那么，我们应该如何穿着打扮呢？

穿衣搭配主要有两个讲究，一是款式之间的搭配，二是颜色之间的配合。但不论是款式还是颜色的搭配，讲究的都是"和谐"二字。西装配西裤那叫搭调，睡衣配西裤那叫乱套；暖色配暖色给人融合，冷色加暖色产生排斥。

颜色也可以根据身材进行搭配。

瘦的人可以穿亮一点的颜色，亮色让人感觉有膨胀感，看起来会丰满点；胖的人可以穿暗一点的颜色，暗色让人感觉有收缩感，看起来会瘦点。

我比较胖，我喜欢穿灰色衣服，这样能显瘦。

29

色彩有"轻重"之分，淡色让人觉得轻，深色让人觉得重。

所以，穿衣也要注意择色比例，不要让人感觉头重脚轻。淡色在上，深色在下，淡色面积最好不要大于深色面积的两倍，反之亦然。穿衣都有一个黄金比例范围，太轻或太重都不好看，就好比上身穿了件白色的背心，下身穿了条黑色的棉裤，这样会给人失衡感。

穿衣还要讲究"色彩情感"。

白色给人干净、纯洁的感觉，黑色给人稳重、神秘的感觉，红色给人热情、奔放的感觉，蓝色给人大度、睿智的感觉，黄色给人轻快、活力的感觉，绿色给人安静、脱俗的感觉，等等。而且在不同的光线环境下还会有不同的效果，比如白色在阳光下给人以干净、纯洁的舒适感，而在光线暗淡的路灯下，却给人以寒冷、阴森的不适感。另外，身上衣服的颜色，最好不要超过三种，因为颜色太多，会让人感觉眼花缭乱。

我的青春充满了活力，颜色也给了我力量。

穿衣搭配时还要学会扬长避短。比如，肤色比较黑的人，可以穿色彩暗一点的里衬；腿比较短的人，可以穿短点的上衣和高腰的裤子。总之，"人靠衣装马靠鞍"，穿衣搭配是门大学问，擅于搭配的人让人觉得有品位，不懂搭配的人给人留下没有审美的印象。所以，每个人可以根据以上的这些标准去衡量，对比自己的实际情况选择适合自己的衣服。

衣着打扮代表了一个人的形象

如果我们的衣着整洁得体，人们会想了解我们的内心世界。无论在日常生活中还是在工作中，当我们穿着得体且精致，我们就在告诉别人，我们想要得到尊重，我们想被别人认真对待。所以说，不要认为穿着是一件很随意的事，它可以反映一个人的审美和内心。

有研究表明，一位普通的求职者稍加打扮，以衣着光鲜的职业化形象去应聘时，底薪可能会提升 8%~20%。穿着得体的人不一定能胜任工作，但是衣着不得体的人，很难得到别人的信任。所以我建议：我们每一个人无论出席什么场合，都必须了解场合需求并进行搭配。有时候还可以多准备一件夹克或者西装外套，以应付突如其来的转变。

平时我们应该如何注意穿着呢？

不管是衣物还是鞋帽，首先要注意的就是整洁。整洁大方的装扮不仅能让你处于更加舒适的状态，而且能充分说明你是用心经营生活的人。很多人往往非常重视衣服是否干净，却忽略了鞋子这一重要部件。鞋子是脏乱差的"重灾区"，因为鞋子比较容易脏，尤其是纯色的鞋子，沾上一点污迹就会非常明显。因此，比较好的做法是选择耐脏的深色鞋子，或者多清洗鞋子。我们还要注意衣服上的细节之处，如领子、袖口、前襟，需要勤洗勤换才能时常保持整洁。在这方面一定要多下功夫，就算你自己穿得惯脏衣服、脏鞋子，觉得这样很舒服，甚至还沾沾自喜地认为这是一种独特的风格。但在和别人交往时，有多少人会有耐心透过你脏兮兮的外表去探究你美丽干净的灵魂呢？别骗自己了，衣着整洁干净不仅是对他人的尊重，也是对自己的尊重！

> 我的衣服不一定很贵，但是一定会很干净。

其次，衣服要合身，穿起来舒服又有型；鞋子要合脚，穿起来舒适又省力。

有些人对自己的身材不够自信，那就适当挑一些宽松点的衣服，这样可以尽量规避自身身材的缺点。但合身的衣服不等于紧身的衣服，而是指在穿得舒服的同时又能契合自己的身材。

要找到合身的衣服、鞋子，真的不是特别容易，要多穿上身试试，慢慢找感觉。很多衣服、鞋子挂在模特身上的时候都很好看，但不一定适合你。每个人适合的风格都不一样。又比如，身材较胖的人就不太适合穿条纹衣服，反而是深色、素色可以显瘦。所以买衣服的时候千万不要偷懒，试过之后觉得确实合身再购买，不然买回来"躺"在衣橱里无用武之地，不仅占地方，也浪费了金钱。

你穿这件或许更好看。

最后，要根据不同场合选择合适的衣服。

在传统文化中，穿衣打扮是比较讲究的，不同的场合有不同的着装要求。在相对正式的场合，比如会议、典礼、商务谈判等，建议选择比较正式的服装，如职业套装、西装、礼服等；在比较休闲的场合，比如朋友聚会、旅行等，可以选择较休闲的服装，如T恤、牛仔裤、短裙等。在重要的场合穿错衣服是很尴尬的事，比如说穿着鲜艳的衣服去参加葬礼就非常失礼，大家会认为你的个人素养有问题。

佩戴装饰品可以给你加分

在商务或休闲社交场合，除了正装外，还离不开重要的饰品。饰品的选择、搭配和使用，能为个人形象增光添彩。

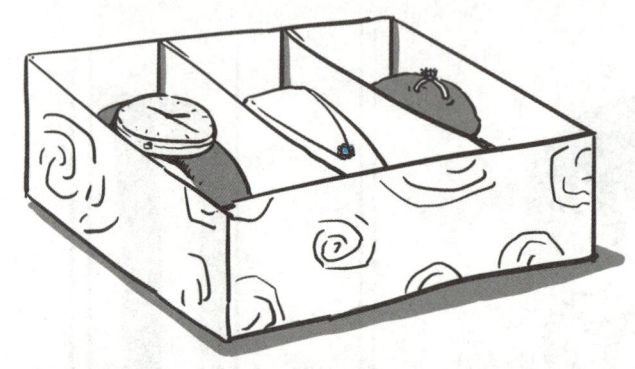

饰品是指在整体形象设计中发挥装饰作用的配件，主要包括手表、首饰、领带、丝巾等。

首饰是具有美化功能的装饰品，包括戒指、耳环、项链、胸针等。

首饰的选择应男女有别，根据不同场合的着装进行搭配。男性通常不适合在正式场合佩戴过多、过明显的首饰，女士也不应佩戴有碍工作或过于高调的首饰。

手表又称为腕表。在选择时，应注意根据佩戴者的身份，挑选对应价格和档次的产品。

领带和丝巾的选择，应注重配合服装和具体环境。庄重场合应配纯色、大气的款式，休闲场合应配合风格活泼、靓丽的款式。

无论挑选何种饰品，都要确保饰品和个人整体形象相统一，才能凸显你与众不同的气质。

鞋子搭配至关重要

鞋子看似不起眼，但其搭配效果会影响整体形象，千万不能认为不重要。

与正装搭配的只能是皮鞋，通常是牛皮鞋，最好不是仿皮、羊皮等材质。皮鞋应确保光亮整洁。

你怎么穿了一双仿皮运动鞋搭配西装？

在正式场合，鞋子不应有任何图案和装饰，通常应为深色、单色。如果强调正装，就必须穿黑色、系带的皮鞋。

女士如果穿高跟鞋，还要注意鞋跟高度。

在正式场合应穿高度适中的高跟鞋，如果穿坡跟皮鞋或者跟很高的高跟鞋，都会显得不够庄重。

在选择鞋子的同时，还要注意袜子。深色的袜子可以搭配任何色系的鞋和衣服，但浅色的袜子只能搭配浅色的鞋和衣服。千万不要在黑皮鞋里穿白袜子，这被认为是很失礼的。

在穿鞋袜之前，必须仔细检查。无论男女都应注意鞋跟是否松动，女士还应注意丝袜是否有跳丝、破洞的问题。如果发现有问题就必须及时更换。

你是得检查好，别像上次那样。

养好你的精气神

你喜欢愁眉不展、眼神呆滞的人，还是更喜欢神采飞扬、健康快乐的人？答案是不言而喻的。无论什么场合，养好精气神，才能展示最佳的个人形象。

在人类的所有表情中，微笑是最美的。在社交场合，我们应淡定自若但却不能呆板木讷，要经常展示发自内心的真诚微笑。

在不同场合面对不同对象，应选择不同的眼神投放区间。尤其要站在听话者的角度，适时关注他们，既不能眼神躲闪，也不能步步逼人。

当我们注视对方时，应确保眼神的自然柔和，不能一直盯住别人的某一部位，也要避免不断在对方身上扫视。

43

头发和皮肤也是展现个人精气神的要素。无论男女，头发都应保持干净整洁，通常应每月修剪 1~2 次，每周清洗 2~3 次，水温应以 40 度左右为宜。

无论男女，都应根据自身肤质，选用不同的护肤品进行适当护理。

干性皮肤，通常油脂分泌较少，容易起皱纹，应选择高保湿成分的护肤品。油性皮肤，应更注意表面清洁，选择较轻薄的护肤品。夏季时皮肤普遍偏油，冬季时皮肤大都偏干。年轻时的油性、中性皮肤，在中年时也有可能转向干性，所以必须注意养护。

摘下帽子谈话更合礼仪

当代生活中，帽子不仅可以保暖或遮阳，还具有修饰功能。男士佩戴帽子，能体现成熟；女士佩戴帽子，能展现魅力。在戴帽子时，更要注重礼仪，从而完善个人形象。

帽子的选择应注意与服装搭配，款式和颜色要上下呼应，确保协调统一。此外，高个子要佩戴较宽大的帽子，身材娇小者则不适合戴宽大的帽子。

帽子的戴法有其规范习俗。通常都应将帽子戴正，避免产生衣冠不整的印象。

在公众场合或户外，无需摘帽子，但进入室内，如礼堂、影剧院、宴会厅等场所，男士需要摘下帽子。在被介绍给别人或与人谈话时，也应摘帽。

无论男女，在自己的住所或办公室，都不适合戴帽子。如果有来访者、客人戴帽子，主人也不应戴帽。

女士穿晚礼服时，除非与服装搭配需要，否则同样不可戴帽子，否则将会被看作失礼的行为。

第三章　肢体动作不骄不躁，是俘获人心的关键

　　肢体动作，也是人类社交语言的一部分，多是从后天学习中潜移默化得来的。懂得正确使用肢体动作，展现不骄不躁的性格，就能准确俘获人心。

坐得自信庄重而不失优雅

古人有"坐如钟"的说法,即无论从正面还是侧面观察坐者,都应该是稳重、端庄而挺拔的。

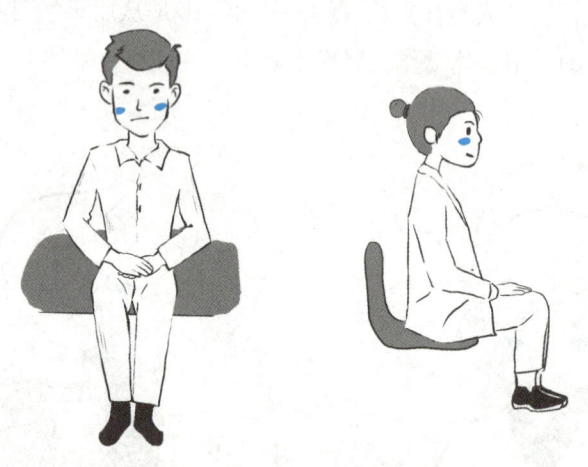

就座之前,要注意优先原则,即长者、尊者和女士优先。在和他们交往时,如果对方没有先坐下,你就不应该抢先坐下。

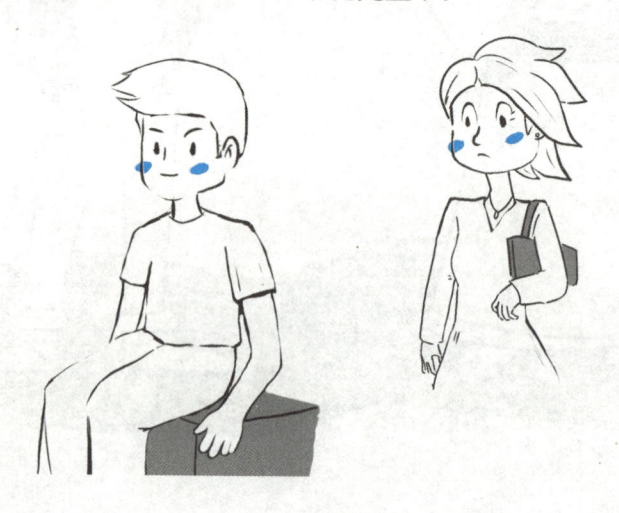

坐定后，臀部不能完全陷在椅子或沙发内，而是只坐椅面的前二分之一或三分之二。

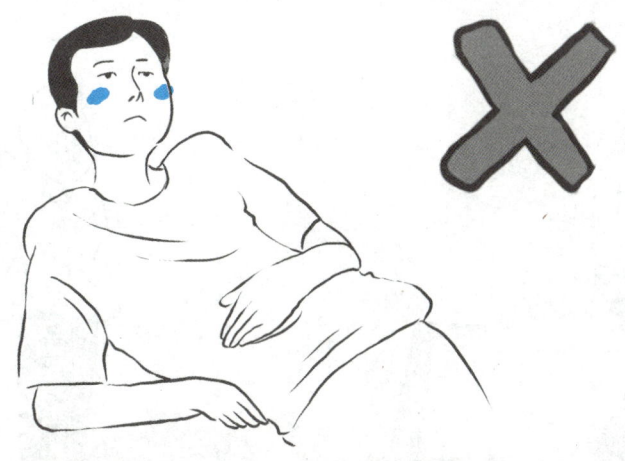

落座后，头部端正而目光平视，微收下颌而挺直上身，呈现标准坐姿。当然，如果是在非正式场合或熟人之间，可以稍微放松舒适就座，但也应注意和环境协调。

到你家终于能坐舒服点了。

是啊，开会坐太久了。

离开座位要轻稳，不能因过快、过猛而发出声响。如果有其他人在旁，则应加以示意，避免影响他人。

无论男女，落座时都不应分开双腿，也不应跷二郎腿，导致鞋底露出，更不能不停抖动双腿。

站得端庄大方而不失平和

　　站立是日常与人交往中最常见的姿态，也是社交礼仪的必修课。对个人而言，站姿是否端庄大方、优雅平和，直接关系到个人形象的好坏。

　　在越来越多人依赖电脑伏案工作的时代，站立形象的基本要求是避免驼背。为此，不仅要将双肩向后展开，还要抬头、挺胸、收腹，从而展现自信状态。

千万不要学我！

在正式场合站立时，需要避免细节问题出错。

例如，不要下意识地做小动作，包括抖腿、晃悠、摆弄头发等，也不要将手插在裤袋里，这显得很不端庄。更不能将手环抱胸前，摆出一副似乎对周围一切都很警惕的样子。

站立时，也不应歪靠在墙壁、柱子、门窗、家具上，否则会显得萎靡不振。

此外，也不要频繁更换身体重心，轮流更换左右腿支撑身体。这种习惯会让人觉得你注意力涣散，难以持续沟通。

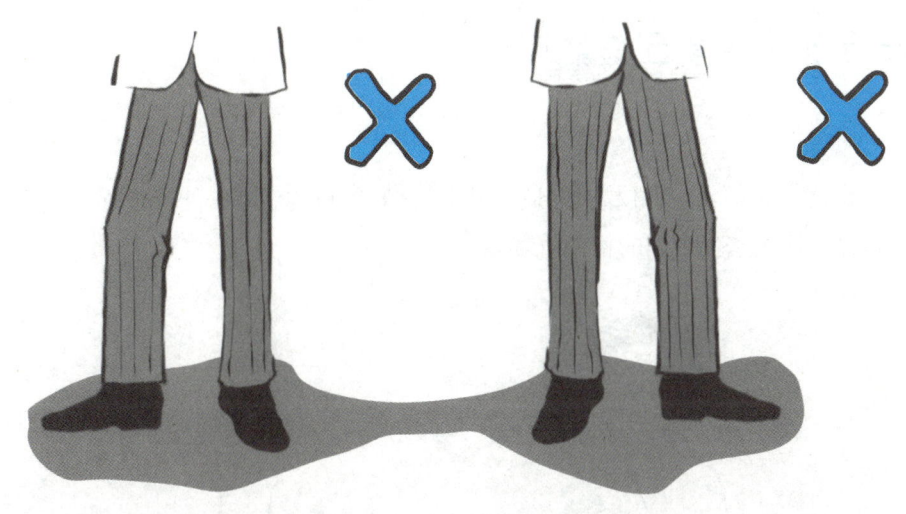

无论男女，站立姿势都应保证"挺、直、高"。

挺，就是头不垂、颈不扭、肩不耸、胸不含、背不驼、膝不弯。直，就是脊柱和地面垂直，后背肌肉群保持紧张感。高，就是身体重心要提高。

行得沉着稳重且凝聚气场

走路人人都会，但仪态却各有不同。沉着稳重的走姿，能展现你的气质与修养，让人感受到你的精神气场。

走路应轻松稳健、敏捷协调。

古人说"行如风"，就是强调人走路应如风拂过水面，轻柔自然。女士的走姿应展现大方之美，男士的走姿要体现阳刚之气。

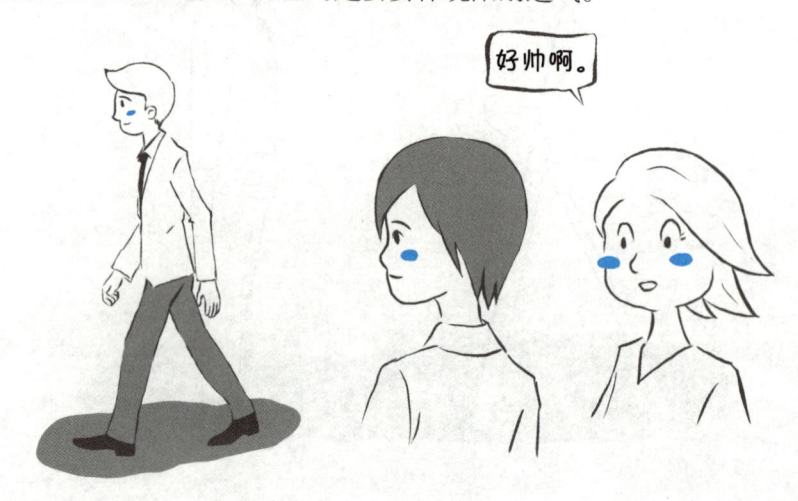

走路应保持直线前进，脚尖应对准前方，每走一步，都要确保脚跟与脚尖呈直线。

直线距离目标最近。

明白老板！

走路步幅应适当。

最佳长度与自己的腿长成正比。男性平均为50厘米，女性则为40厘米。

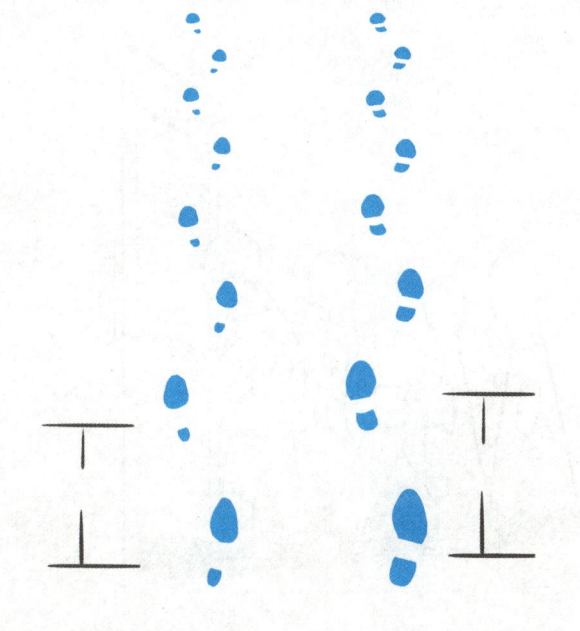

57

走路速度要均匀。

在特定社交场合中，走路速度不能轻易改变或者忽快忽慢。在正常情况下，步伐速度为每分钟 60~100 步较为平稳。

最近我步伐速度很稳定。

感觉他工作状态变好了。

在道路狭窄、人数众多的地方，应适当加快脚步通过或侧身让路。在要求安静的地方走路，应避免制造噪音。

举止恰到好处又彬彬有礼

恰到好处的举止，具有特殊的礼貌含义。

在社交过程中，举手投足要得体优雅，可以显得彬彬有礼且充分表达意愿、联络感情。常见的礼貌举止有如下几种。

这家公司的员工素质很高。

点头，是常见的礼貌举止，适用于与较为熟悉的人打招呼。在点头时，应两眼注视对方并略带微笑，等对方有所回应后再转变视线。

当你和对方距离较远，或者碰面较为仓促时，可以以举手示意的方式来打招呼，既能表示认出了对方，还能以较快的速度表达敬意。

登机口

在正式场合中，如果长辈、上级前来，在场者应起身站立表示敬意，并邀请对方落座。等来访者坐下后，自己才能坐下。当对方离开时，也同样应起立送离。

大家坐。

董事长好。

一些不良的举止则应努力避免，如已养成习惯，则应加以戒除。例如，不要在社交场合说话时频繁使用各种手势，不能用拇指指向自己，更不能用任何手指指点他人。

此外，在日常社交过程中的各种小动作，例如掏耳朵、挖鼻孔、咬指甲、打响指等，都应加以避免。而在咳嗽、打喷嚏时，要捂住口鼻，面向无人侧，并避免大声响动。

不随便勾肩搭背

在现代社会，在不同场合、对不同的人都应采取不同的社交距离。一旦社交距离与实际不符，例如发生随意勾肩搭背等情形，就会出现问题。

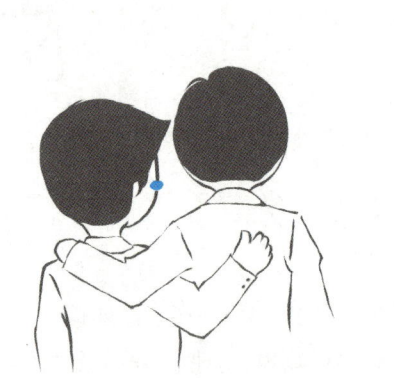

你俩是在工作吗？

在社交过程中，应首先注意合理度量最佳社交距离，确保良好的社交气氛。尽管这种度量可能是很快的，甚至无法觉察的，但却很可能在无意间改变社交结果。

我的眼睛就是尺。

对、对，距离要看准。

社交距离可以分为四种。

最常见的一般距离,保持在 2~4 米,通常适用于公共场合之中。保持这种距离的人,其关系较为陌生。

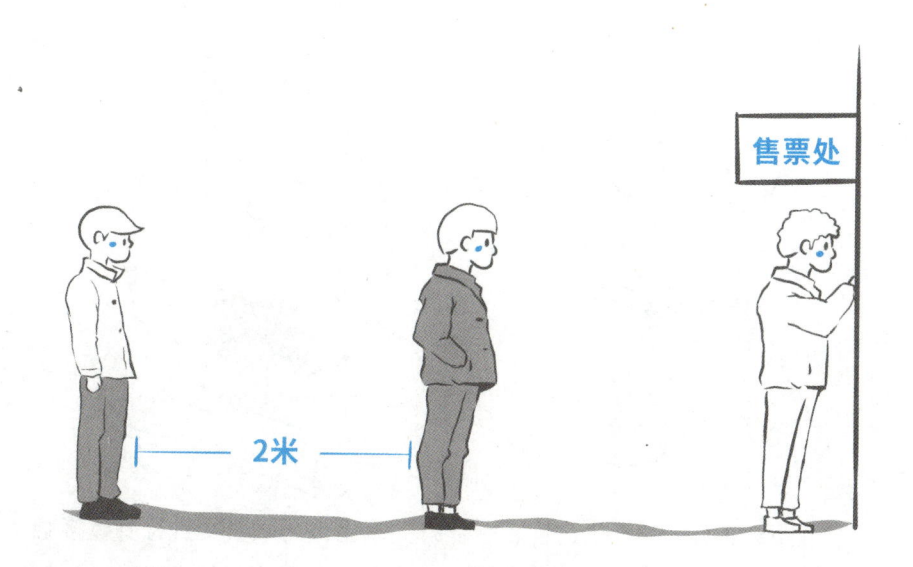

礼貌距离,主要是工作场合中的距离,通常为 1~2 米。对于工作中关系普通的同事、新接触的客户等,保持这种距离较好。

私人距离，正常为 0.5~1 米，这是情侣、夫妻、家人之间可以占据的比较亲密的距离。当然，也包括很熟悉的朋友、家族的长辈等。

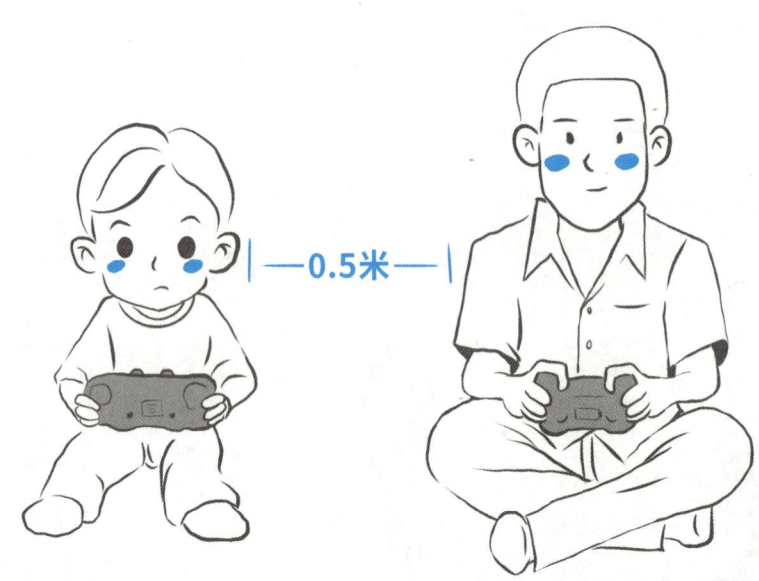

亲近距离，即 0~0.5 米，这表示双方关系已经可以直接进行身体接触，只有父母与子女、夫妻之间在私人场合才能以这种距离相处。所以，突然拉近与对方的社交距离，必然会尴尬。

第四章　有礼有"距"，与人相处更融洽

社交会耗费时间和精力，而想要通过社交维系感情、建立关系，意味着需要不断投入和付出。为了能让社交效果最大化，我们必须懂得有礼有"距"的重要性，分辨哪些关系值得投入维护，哪些关系价值不大，从而拓展自己的社交网络。

与人相处应该互帮互助

赠人玫瑰者手有余香。帮助别人并非为了炫耀、自夸,而是能带给自己快乐的事。因此,我们在帮助别人时必须出于真诚,保持礼貌和心平气和的态度,这样才能带给他人温暖,受到他人的尊敬。

我喜欢帮助人,帮助人让我快乐。

助人是永恒的美德。

帮助别人需要注意三个原则,首先,就是平等。

永远不要带着怜悯对方的态度去帮助别人,而是要平等看待需要被帮助的人,这样才能获得对方的感激。

真可怜,我来帮你吧。

不用可怜我,我能自己上楼梯!

66

其次，帮助别人需要真诚。

如果你确实没有能力，就应承认自己无法帮助，千万不要为了面子而假装帮助对方，这只能让别人的希望落空。

最后，帮助别人也需要尊重对方。

别人接受了你的善意，并不意味着你可以羞辱或贬低对方，同样也不是你日后随意拿来吹嘘炫耀的资本。

67

在与人交往时，我们并不总是帮助者，同样有可能成为受助者。在遇到困难时，我们应该怀有善意地寻求他人的帮助。

经理太爱面子了。

我才不需要那些人帮忙。

没必要害怕求助下属，你们是一个团队。

那会不会显得我太无能？

千万不要认为凡事都只能靠自己，即便能力不足时还想独自解决，这反而会弄巧成拙，还会让身边人有不被信任的感觉。

一旦接受了别人的帮助，无论这种帮助是否发挥了实际效果，我们都应在第一时间表示感谢，而不是视为理所应当。

今天向大家介绍我的同学，他曾经帮我补习过语文。

哈哈哈，你还记得呢！

对于曾经帮助过自己的人，在日后的社交场合中，可以适当向第三人提及。这样既表示了感谢，还能彰显你的品格和修养。

与他人相处，互相帮助非常重要。尤其是对那些能力暂时不足的人，更需要我们的帮助。

在职场上，如果有同事求助于你，可以在力所能及且不违背原则的情况下，给予其热情帮助。

但是要注意一点，职场上的助人行为不能演变成越俎代庖。

那些不该由你做的事情，就坚决不能答应，否则就会逐渐变成所有人的"救火队长"，还会惹上不必要的麻烦。

在社会层面，助人行为也应注意界限，其首要原则是避免产生负面舆论和误解，以免给双方带来不必要的压力。

尤其是在金钱层面的帮助，更应力所能及，在保障自身和家庭生活的基础上去帮助他人，而不应忽略自身压力，过度施以援手。

谢谢了！

都是远房亲戚，先拿这些吧。

我帮你教育一下到处乱跑的儿子。

别，他胆小！

　　当你的助人行为，可能过度插手他人的私人事务时，就应该及时喊停了，以免好心办坏事。

一些可能引发团队和集体矛盾的助人行为，也应低调行事，避免引发矛盾。

为了表明你助人的态度和原则，即便是对方提出要求，你也应事先说明你的立场和能提供帮助的范围。

如果是私下的帮助，可以适当提出保密要求，减小影响范围。

> 我想匿名捐款给你们村的学校。

> 谢谢你！

> 先成长，才能帮助更多人！

帮助他人，需要先衡量自己的能力。当你的能力逐渐增长时，才能帮助更多的人。

接打电话不要随意张扬

接打电话看似容易，但却很容易违背社交礼节，其原因往往不在于接打电话本身，而在于对周围人的影响。

一般而言，接打电话时的语言、内容、态度、表情、举止等因素都能构成一个人的外在形象，也会对身处环境周围的每个人产生影响。

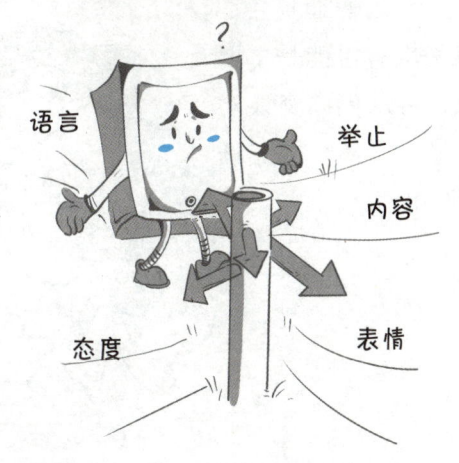

在和他人交流时，如果电话突然响起，要根据实际情况判断是否接听。如果身处重要场合，而来电大概率为非重要事项时，可以选择拒接，事后再予以说明。

如果是普通场合，或者来电有可能是重要事项，可以先向交谈对象示意，再离开交流场所接听电话。

不管在任何场合当中，接打电话时，都不应声音过于响亮、语速过快，避免影响他人。

我们不是透明人……

如果因为赶时间而边走路边打电话，也要注意迎面来人，避免碰撞等意外事故发生。

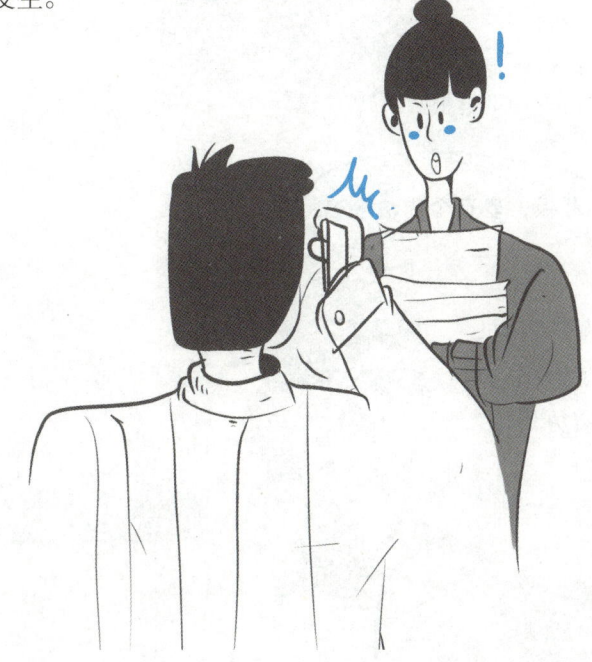

在办公室打电话时，不应有过多肢体动作或者对着电话大声指责，否则会影响办公气氛。

经理的压力看来有点大。

老板，我有个想法……

在家里接打工作电话时，应远离孩子、家人、电视机等，避免影响双方的沟通质量。

如果是在户外，如马路、商场等地方接打电话，应主动告知对方环境嘈杂并予以抱歉，然后寻找安静场所继续交谈。

如果通话过程中出现其他来电、意外关机等情况而导致通话中断，应尽快设法恢复通话，然后第一时间向对方说明并致歉。

接待朋友要以礼相待

日常生活和工作中,我们经常会邀请朋友或工作伙伴到家中或工作单位进行交流。如何得体而礼貌地邀请和接待他们,是每个人应该掌握的基本常识。

小张,明天有重要客户来,你做好接待工作。

明白。

明天我老同学要来了。

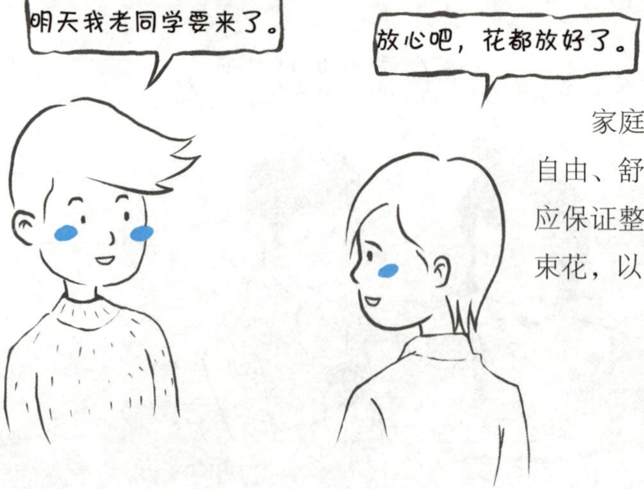

放心吧,花都放好了。

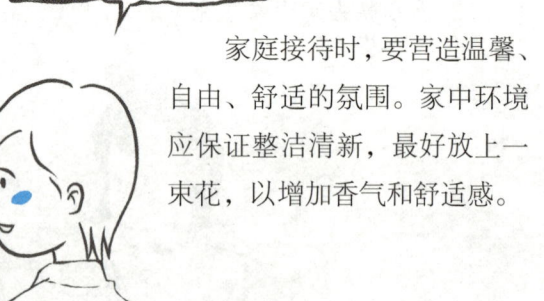

家庭接待时,要营造温馨、自由、舒适的氛围。家中环境应保证整洁清新,最好放上一束花,以增加香气和舒适感。

在家庭接待中，主人可以穿简约的休闲装，这样会显得亲切随和。

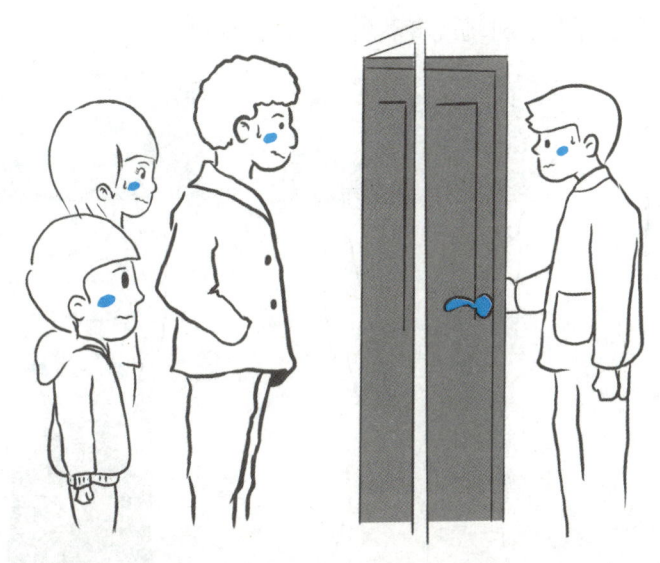

在接待客人时，注意避免过多教育批评自己的小孩子，以免引起尴尬。如果要留客人吃饭，应首先准备好新鲜食材和可口饮料。

待会叔叔来，你可以带他家小弟弟一起玩，不要欺负人家哦。

好的，爸爸。

在商务或公务接待中，应确保规范、热情、尊重。根据不同情况，你可以选择提前到达车站、机场或者酒店迎接工作伙伴。

对重要的工作伙伴，应申请安排迎接仪式，可以邀请领导共同前往迎接，以突显尊敬。在仪式上应有简短致辞，并准备欢迎标语。

对方抵达目的地后，如果需要稍作等待，可以先迎入会议室、接待室，提供茶水、饮料等。如果是远道而来，还应询问或帮助办理酒店入住手续。

正式沟通开始前，可以组织重要合作伙伴参观本单位的可公开区域。如果是普通工作伙伴，则可以简单介绍公司领导层，随后再由相关职务的人员进行洽谈。

对来访的客人，无论对其是否熟悉，也不论对方的身份和年龄，都应一视同仁，不能有所疏漏。

是吗，哈哈哈。

我最喜欢这种小狗了。

如果朋友突然而至，应尽快整理房间、办公桌等，并对朋友表示歉意。即便某些"朋友"并不受你欢迎，但基于社交礼仪而言，也不应随便下逐客令。

真不好意思，有点乱。

没关系，我有件急事，说完就好。

谈话时尽量避开别人的痛处

很多时候，社交场合就如同"战场"。如果在沟通中稍有不慎，就会触及他人痛处，如同深陷雷区般危险。

在多年的好友圈中，人际关系也有可能会发生变化，想要维系彼此之间的关系，就要随时避免引发各种矛盾。

在同一个圈子之中,无论其他朋友之间发生了什么矛盾,都要尽力劝和。如果尝试无果,就不要过多介入其中,避免陷入"站队"的危机。

在和朋友交流时,如果对其近况不了解,就应谨慎展开敏感话题,包括就业、情感、婚姻、子女方面的情况。可以先等对方与你分享,再展开交谈。如果了解对方的近况,则更应避免谈及其不太顺心的事情。

在职场中沟通，则要注意为人谦虚，不要随意在他人面前炫耀自己取得的成绩。因为你的大肆宣扬，在敏感的人看来就是对他的讽刺打压。

职场上尽量"少说话，多做事"。对于一些职场"八卦"，不要过多介入，因为这样很容易触碰到别人的雷区。与其因此与人产生矛盾，不如积极做好工作，闭口不谈他人是非。

无论在职场还是生活中，人和人对事情的看法有所不同是很正常的。除非涉及关键原则或者集体利益，否则没有必要凡事都争辩。因为越是争辩，就越容易因情绪激动而说出触碰他人痛处的话，令自己后悔不已。

尤其不要在背后讨论他人的缺点，因为这些话很容易变成传言，导致出现难以化解的误会。

当别人两两交谈时，不要随意介入话题，除非获得了对方的邀请。

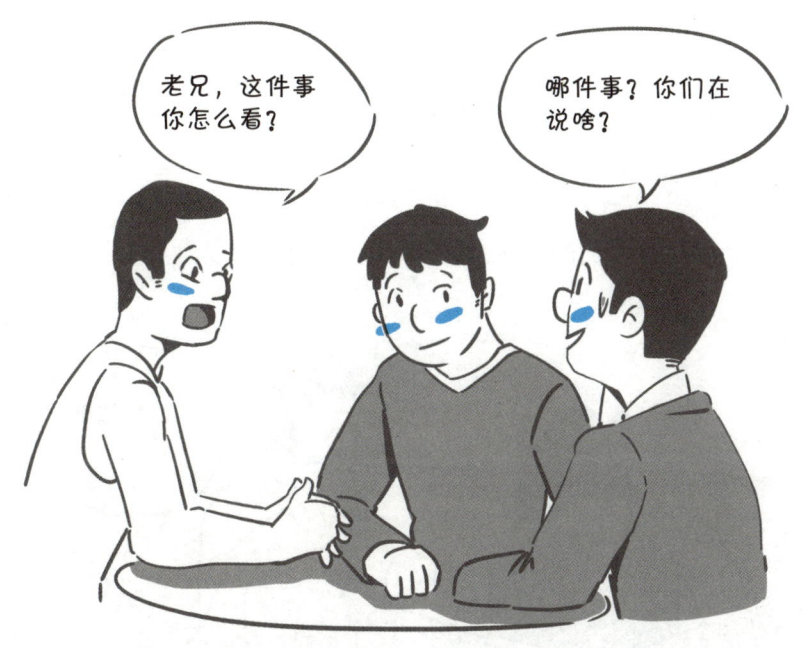

少用负面的语言词汇去评价任何人，因为你并不知道听话者和被谈论者之间的关系，从而导致争端的发生。

89

不是所有人都值得深交

在人际关系中产生的情绪，很容易影响我们的个人生活，所以选择合适的交往对象十分重要。

又在单位受气了？

那么，哪些人是不值得深交的呢？主要应警惕这些人：

一是喜欢道德绑架的人。他们经常将"你应该"三个字放在嘴边，而这些话往往都是损人利己的。当面对自身应尽的责任时，他们很可能就闭口不谈了。

二是表里不一的人不应深交。他们或出于自我保护动机，又或者只是因为"习惯"，说话做事和内心想法常常不一致。这些人很难获得他人信任。

三是喜欢"分享"秘密的人不应深交。因为他们会将别人的秘密分享出去，换取自己想要的信息。

四是总是打压讽刺你的人不能深交。因为每当你有新的努力方向时,他们总希望你停下来回到原点,这将导致你难以摆脱既定环境的束缚。

五是过分重视面子的人不值得深交。因为在他们眼中,面子比事业、友情都更重要,这样的人很容易对他人造成伤害。

虽然有些人不值得深交，但并不意味着要与他们产生矛盾。在社会生活中，你会面对各种各样的人，有时难免必须与他们交流，你要做的是保持正常平等的沟通态度，不卑不亢地与他们交往共事。

但在面对这些难以相处的人时，你需要抓住机会，清楚表明自己的价值观和底线，让他们意识到彼此的不同，他们自然就有所忌惮了。

除了必要的客套之外，并不需要给予他们太多的热情，否则很容易会被认为是一种讨好。

当然，如果对方有所改变，你也应改变态度，甚至可以考虑与其多一些来往，最终成为好友。

帮助长辈端茶倒水

帮助长辈端茶倒水，是我们传统礼仪的一部分，也是尊敬长辈的体现。这些礼仪，可以有效地团结家族，传承孝道。

在给长辈端茶倒水时，要注意配合动作。正常来说，头要稍微低一点，稍稍弯腰，如果你挺着腰，就变得趾高气扬了。

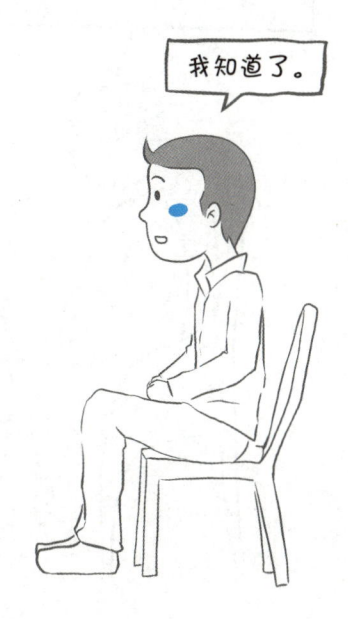

当然了，向长辈表达孝心时，还要配合语言，不能不声不响，要不然他们不知道你想干什么。

爷爷，我来给您洗脚。

在伺候长辈的时候，需要先称呼对方，然后再说接下来要干什么。如果你默默地做事，长辈会以为你心里很不情愿。

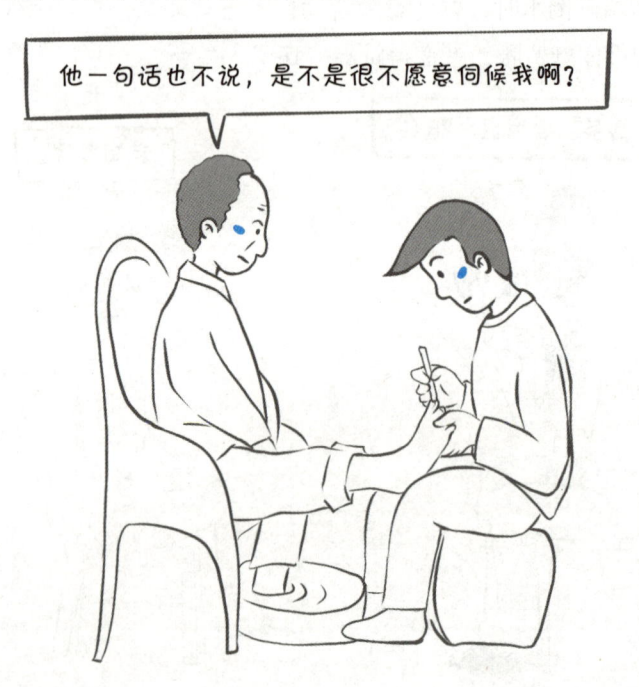

他一句话也不说，是不是很不愿意伺候我啊？

伺候老人时，端茶倒水只是一个外在的行动，其实长辈并不一定需要你真的给他端茶倒水，但是这个行为能让他感觉到被尊重和被爱护，这也是一种幸福。

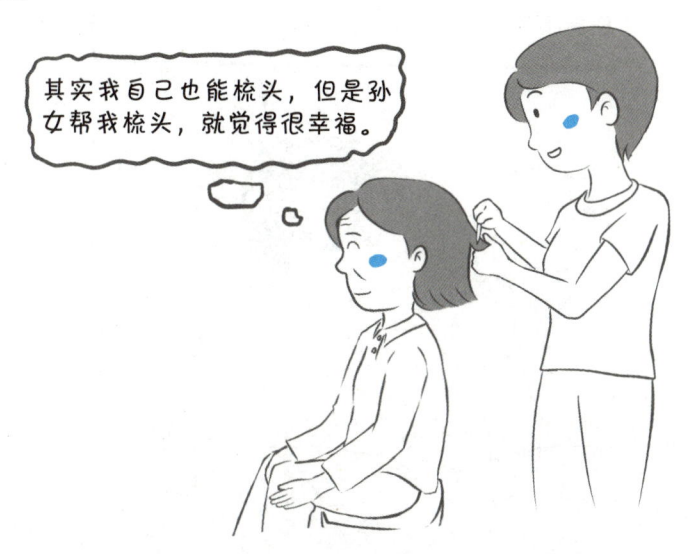

其实我自己也能梳头，但是孙女帮我梳头，就觉得很幸福。

给长辈端茶倒水，还要注意先后顺序，如果有更高辈分的长辈在场，就要先照顾他们。

太爷爷您好，您辈分最大，您先喝茶。

这年轻人懂事，我还怕他先把茶端给我呢。

伺候长辈，给长辈端茶倒水的时候，不要结束之后就直接离场，还要嘘寒问暖，表达关心之后再离开。

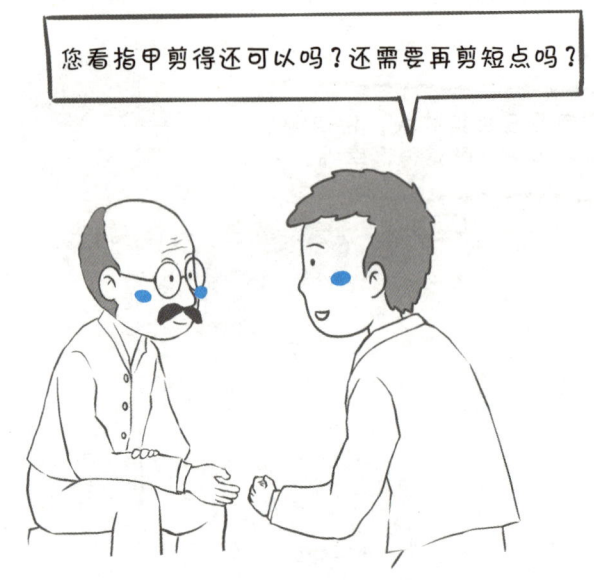

> 您看指甲剪得还可以吗？还需要再剪短点吗？

当然了，虚寒问暖之后，就不要耽搁太久了，要留给长辈私人空间，让老人多休息。

> 爷爷，我去洗茶杯了，您先休息。

伺候长辈，除了分清辈分，还要区分性别，对不同性别的长辈，有不同的对待方式。

奶奶，我喂您吃。

在必要情况下，还要考虑你身边同辈的感受，要注意留给其他人一些表现的机会。

二弟，你把爷爷的茶叶拿来，我去打水。

好的，哥。

第五章　待客之道，一张一弛

无论是业务上的往来，或是亲朋好友间的感情联系，互相拜访都是重要的社交活动。你的待客之道是否做到一张一弛、礼貌到位，决定着你的社交结果。

以茶待客尽地主之谊

中国是"茶的故乡",饮茶之风,在我国古已有之。唐代学者陆羽的《茶经》是世界上第一部茶叶著作。所以,我们以茶待客是十分体面的。

饮茶有一定的规矩,对应各地不同的风俗,具体礼节也会有所不同。与古代细致的饮茶程序相比,今天的饮茶方式虽有创新,但同样有一定的要求。

茶具无需多么名贵，但必须洁净完整。一般而言，待客可以用玻璃杯，或者是白色陶瓷杯，也可以是茶盏。

投放适量的茶叶，但浓淡也要因人的口味而异，或者直接询问对方是否需要增加。

喝茶能修心养性，还能在喝茶的过程中与人交心，是一个理想的社交媒介。

以茶会友，在中国是一种很高雅的文化。东晋初年，司徒长史王濛遇士大夫来访，即煮茶相待，只是由于北方南迁来的士族不懂茶滋味，觉得苦涩难咽，称之为"水厄"，自此成为笑谈。之后，以茶和果品招待宾客以示节俭之风。唐宋后，名人雅士更是以茶宴、茶会来宴请宾朋好友，还互赠名茶以示友谊。自古以来，茶也有助于天伦叙乐，可得全家之福。

喝茶有很多礼节，就连倒茶和落座的位置也有讲究。因此，诞生了一门技术，叫茶艺。学会这门手艺，能很好地修身养性，提升自己的文化素养。

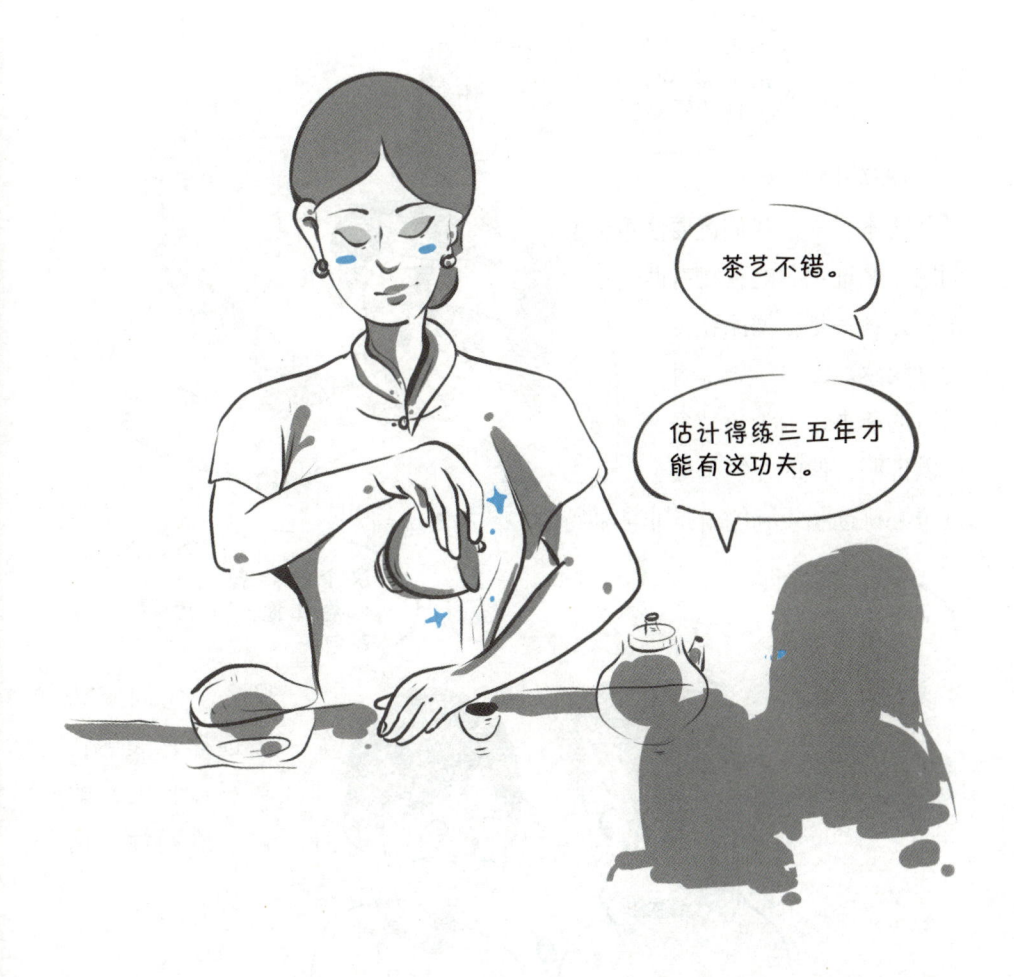

赠送精挑细选巧包装的礼物

赠送礼物，除了礼物本身外，我们还要注重包装问题。经过包装的礼物有两个好处：一是，增添礼物的神秘感。二是，表示对对方的尊重，因为包装盒可以证明，他的礼物是经过精心挑选和设计的，是非常独特的。

里面的礼物你肯定更喜欢，不信你打开看看？

这包装我喜欢。

我看也像。

这个包装盒，怎么看都像一个炸药包。

那么，我们应该怎么去选择包装呢？要注意三点特性，即针对性、情调性、创意性。

礼品包装多用于节、庆、婚、寿、访亲、慰问等场合。对应不同的场合，包装设计上应突出针对性，体现各类礼品的特殊性及用途。

对于不同的场合和用途，以及赠送对象的不同，包装盒也要有所区别。

注意包装的针对性，不要挑选与礼物本身价值不符的包装，这会让对方产生误解。

要注重包装的情调性，礼物要与环境搭配得当。

礼物包装要符合收礼者的审美特点，而不是迁就送礼者的审美品味。

他最喜欢的就是老宣纸包装，找找吧。

这张名人字画，应该怎么包装送给爷爷才好？

礼物包装还要具备创意性，要能体现对对方的重视性。

看包装就感觉很大众化啊。

亲爱的，你看这个钻戒怎么样？

如果是重要的礼物，要进行重新包装，以表现出一定的创意。

> 这块表我觉得送爸爸很合适，就是网购的包装很单调。

> 我来给你挑选包装纸，重新打造一下。

赠送礼物的目的是拉近彼此距离，为此需要在礼物选择和包装打造时付出真心实意，才能换来对方的感情。

> 当然了，包装就是给人的第一印象。

> 礼物很好，包装就那么重要吗？

和颜悦色地化解僵局

社交场合中，恰到好处的言谈交际，能打破各类僵局。即便有潜在的矛盾，也可以和颜悦色地化解。

> 这位是我们刚入职的新员工，上次对接不畅，请您多包涵。

> 一点小误会，没关系，以后多多合作。

> 刚才我们颁奖嘉宾可能太高兴了，上台步伐太快。

> 我不是上台太快，而是被今晚美丽的主持人所吸引，没有走稳路。

在社交过程中，假如你不小心说错话、做错事，不用觉得难堪。只要正视自己的过错，尽量平复情绪，再用幽默技巧来扭转局面，就能起到良好的效果。

在交谈过程中，可能有人会将话题引向不愉快的方向。此时采用转移话题的方法，或者利用偷换概念的方式，就可以化解可能发生的争论了。

在商务谈判场合中出现僵局，往往是因为利益冲突而引起的僵持。此时，你可以进一步说明对其有利的部分，或者催促他们尽快决策。这种表态能在一定程度上让对方变得焦躁起来，并迅速表明态度。

在谈判中，如果能列举具体的数字、事项，会让对方感受到你的诚意，从而产生更强烈的交涉意愿。

好，我来联系我的客户。

我们目前已经解决了价格和人员配置两方面难题，现在只需要讨论项目进度安排，就可以了。

好的，聊聊最近有啥好电影吧。

大家别谈工作就行，难得不用上班。

在日常生活交往中，如果有人因为对你的话题不感兴趣而导致出现僵局时，不妨趁机换一个新话题，但要注意配合当下的社交场合来选择话题。

如果社交场合中，因为双方意见不一致而有所冲突，你可以及时充当调停者的角色。这时，你应该强调自己与双方并无利益冲突，同时也了解事情的经过，可以从中调停。

在分析具体问题时，要听取双方意见，从中发现冲突的原因。再解析背后的利益矛盾，最后提供解决之道。

如果你发现目前的社交场合不适合进一步沟通，不妨换个地方接着与其交流，否则就可能会陷入双方无话可说的尴尬气氛。

面对任何僵局，都不应表现出急躁、生气、失望等表情，这些表情不仅失礼，也会让对方与你之间的心理距离越来越远。

格局打开，学会巧妙打圆场

> 那边有两位先生因为学术问题，吵起来了。

> 让我来打打圆场。

打圆场，是指发生争论或气氛尴尬时，由第三方出面来化解尴尬，最终消除争端。

打圆场必须从善意和中立的角度出发，寻求缓和紧张的气氛，不能带有目的性、偏向性，否则就无法体现应有的格局。

> 我们商会既不偏向甲方，也不偏向乙方，只希望大家能一团和气。

> 我们相信你！

打圆场看似简单，实则并不容易，需要有一些技巧。

首先，要清晰地说明矛盾出现的原因，让双方反省是否有争论的必要。

如果暂时无法解决矛盾，可以先找借口让其中一方离开现场。这样不仅给双方都留了台阶，也给双方留了一些缓和的时间。

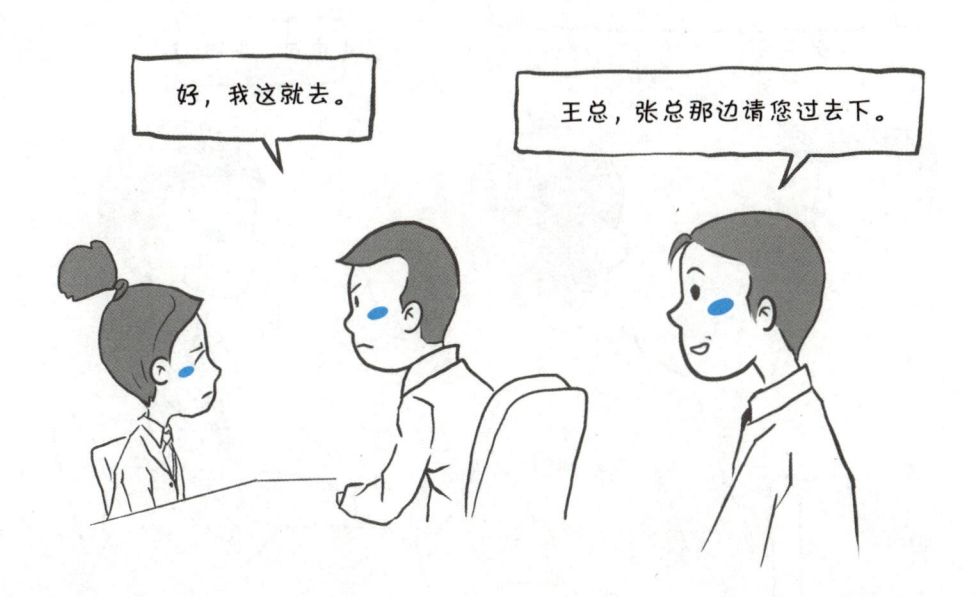

适当岔开话题，或者提出新的建议，都能很好地缓和气氛。

用幽默自嘲的方式，也能吸引双方注意力，让其冷静下来。

当双方矛盾有明显的责任归属时，不妨帮过错方找个适当的理由，以求征得另一方的原谅。

用语言艺术帮助别人"圆话"，补充别人说话的不当之处，是打圆场高手在社交场合中的必备技能。

打圆场要做得不露声色,尽量在不经意中化解僵局,这样才能发挥最好的效果。

必要情况下,在打圆场之后还要适当和双方进行私下沟通,了解他们的想法以寻求和解。

第六章　出席宴会，注意餐桌礼仪

宴会是高端的社交形式，主要用于庆祝、纪念、迎送等事项。出席宴会，必须具备大方的社交举止言行，才能让人刮目相看。

今天的晚宴，你们老板是焦点。

是不是很得体？

赴宴前的注意事项

赴宴应注意与会时间,既不应迟到,也不应过早到。

迟到说明你对此次赴宴并不重视,很不礼貌。过早则会让主人很尴尬。

如果是临时有事不能前往,一定要提前有礼貌地通知邀请人,解释原因并予以道歉。

如果是参加家宴，就应该戴上伴手礼。要是拜访时正值节日期间，则要选择符合节日特点的礼物。

如果作为客人赴宴，绝不要擅自带上没有接受邀请的朋友。

赴宴前应注重形象打扮。男士应净面、剃须，女士应化淡妆，以示尊重。

在出门前，应再次确认宴会举办地点，避免因认错路而闹出笑话。

如果和宴会筹办人熟悉，可以先提前了解一下出席宾客的信息，以便作对应的交谈话题准备。

如果在允许的情况下，还应了解不同来宾之间的关系，避免有所冒犯。

如果是己方组织的宴会,应提前到达,并根据客人的口味预先点菜,还可以留下几个菜,请客人到场再点。

如果是好友之间的私人宴会,不妨提前问问是否需要饮酒,如果自己不能饮酒,可以先作声明。

用餐文雅，轻声说话

今天宴会感觉如何？

那个老李，咳嗽都不捂嘴，真没礼貌。

宴会上，文雅进食是基本礼仪。咳嗽时，注意不要对着餐桌，更不要对着别人。如果来不及去洗手间，可以背过身去，并用餐巾纸捂住口鼻，事后需要洗手。

很多人平时说话嗓门很大，觉得这是双方关系亲密的表现，但如果在宴会上大声说话，就会显得过于随意。

那件事也太好笑了，哈哈哈！

127

如果只有两个人交谈，更应该控制音量，让对方能听清而不影响他人即可。

> 我觉得这次用餐环境不错。

> 我也有同感。

在交谈时，要注重讲话的时机。

如果领导在讲话或者重要来宾敬酒，就不要私下小声嘀咕，因为这种行为很容易破坏现场气氛，或者让别人认为你素质不高。

> 稍等，领导在敬酒。

> 你刚才坐什么车来的？

宴会上也不要只和熟人说话、敬酒，否则陌生朋友就会觉得你是在故意冷落他们。

当然，参加宴会也不要一言不发，这样别人会认为你不擅交际或者并不看重这次宴会。

如果你和周围的人都不熟悉，可以尝试主动找一些话题交谈。

> 这个菜味道不错，可以尝尝。

> 嗯，是不错。

在夹菜时，不要只选某一两个喜欢的菜吃，否则会让主人觉得你对其他菜不满意。如果是公务用餐，更会显得过于自我，没有顾及他人。即便对无法接受的菜品，也不能表现出明显的厌恶，但可以说明原因。

> 明白了，没关系。

> 虽然好吃，不过我不喜欢吃香菜，还是算了吧。

看见别人正在夹菜时，尽量先等对方夹完再起筷。每次夹菜不要太多，也尽量不要让汁水滴落到桌面上。夹菜的动作应轻缓，如果过程中碰到别人的餐具应及时道歉。

> 没事，没事。

> 不好意思，碰到你的筷子了。

如果是旋转餐桌，要让身边的人先夹完菜再去夹，而不应越过别人，将筷子伸到对方面前夹菜。

> 这么没有礼貌吗？难道就因为我是新员工？

举杯敬酒要尊卑有序

宴会上无论主客,为表明诚意,都应向别人敬酒。

敬酒要按照年龄、职位、宾主等身份顺序,遵循先尊、后长的原则,按年龄大小、辈分高低先后进行。

一般而言,宴会开始时,会由主人、主宾或领导首先提议进行集体敬酒,此时,每个人都应起身站立,右手端杯,左手托杯底,面带微笑,目视周边所有人,说几句祝酒词,再将酒一饮而尽。

这样的集体敬酒一般只需一轮,也可视具体情况而定。只有当集体敬酒结束,才适合进行个别敬酒。

个别敬酒时，动作、姿态、语言等要求都和上述一致，但你需要轻轻地和对方碰一下酒杯。

为表示谦逊，在碰杯时，职位较低或年轻人的酒杯要放低一些。

哪里，共同探讨。

我年轻，以后还需要您多照顾。

酒桌新人往往找不到合适的时间点敬酒。其实，只要在集体敬酒结束后，你随时可以找机会敬酒。但要确保对方没有与其他人交谈，也没有在用餐。

别急，先等我们这边部长敬过他，我们再去。

哥，我可以去敬客户公司的总经理了吗？

此外，如果是正式宴会上给某人敬酒，应该等身份、年龄比自己高的人先行向其敬酒后，再有所行动。

绝大多数人都知道敬酒应遵循年龄或职务高低顺序进行，但难处却在于年龄与职务不相等的情况出现时怎么办。此时，应根据宴会性质区分。

如果是公务、商务宴会，应倾向于职务顺序，除非主人或主宾明确提议按照年龄来敬酒。

如果是私人朋友宴会，则按照年龄顺序较佳。

敬酒时，如果对方是不认识的人，你可以先私下打听其身份，也可以留意别人对其的称呼，避免敬酒时喊错的尴尬情形出现。

即便你和桌上某位客人很熟悉，或者有求于他，也不能只向其敬酒，而是要先给身份更高或更年长的人敬酒。

如果你不清楚来客的年龄大小、职位高低，同时宴会也属于比较私人随意的性质，那么就可以从身边按顺时针方向敬酒，无论对方是谁或是否喝酒，都要确保一个不少地敬到位。

敬酒时还要注意地域风俗。

敬酒时，可先说明自己酒量欠佳，望对方海涵，也请对方随意而饮。

同样，如果对方酒量不佳，即便他是下级或晚辈，你也应及时表明不必强求。

我国是传统礼仪之邦，自古以来就讲究餐饮礼节，也形成了关于座次、点菜、用餐、饮酒的规矩和禁忌。

入座时，如果是圆桌，则正对大门为主人、主宾位置。越是靠近主人、主宾，则地位越高。对等位置的情况下，则主人左侧的地位比右侧更高。

如果你是主人，则应提前到达，并在门口附近等待，为来宾引导入座。如果你是来宾，则应听从主人邀请入座，并适当谦让。

如果时间允许，可以等大多数客人到齐后，请他们传阅菜单。如果你的领导也在酒席上，注意不要请他先点菜，除非他主动提出要求。否则这是一种不尊重来宾、不够大方的表示。

如果你是被邀请者，也不该主动点菜，除非对方盛情邀请，这时你可以点并不太贵，也不会有人忌口的菜。如果没有把握，可以征询桌上其他人意见。

无论谁点菜，都忌全荤或全素。一桌菜肴应冷热、荤素搭配，如果女士、儿童较多，则可以多点清淡或甜口菜肴。

除了私人聚会外，点菜时千万不能询问或讨论菜肴价格，否则会让请客的人感到有失颜面，而其他宾客也会感觉不自在。

餐具礼仪，是宴会礼仪不可或缺的组成部分。对餐具的使用禁忌，主要有如下内容：

筷子必须要成双使用。不能去舔筷子，否则非常失礼。说话时应放下筷子，而不应随意舞弄。筷子也不应竖插到食物上，因为这有不吉利的含义。

筷子只能用来夹食物，不能用来做其他事情，否则就会贻笑大方。

不用勺子时，应将其放在碟子中，而不是直接放在餐桌上。

如果碟子中的食物比较烫，也不要用勺子在碟子里搅拌，更不能舀起菜肴对着吹。在吃东西时，也不要将整个勺头塞进嘴里。

服务员，麻烦再拿个汤碗。

宴会快结束时，可能有人需要清洁口腔。此时应注意尽量用手遮挡口部。此外，剔出的食物残渣，要及时清理，不要随手乱扔或乱吐。剔完牙后，也不要叼着牙签，更不能拿用过的牙签来扎取水果、甜品等食物。

另外，宴会禁忌也包括民族、宗教禁忌。

此外，不同地区的饮食偏好也不同，应予以关注，避免破坏宴会气氛。

离席时也要注意礼貌

在聚会中途，离席要打招呼，并说明原因。如果冒然离席，会显得很没礼貌，让人以为你抱有敌意。

谁惹他了，吃一半突然走了。

突然离席，除了不礼貌之外，也容易造成误会。比如，大家以为你中途去厕所了，散席之后还在等你或找你，既耽误大家时间，又造成没必要的误会。

小伍去哪里了？怎么突然人不见了？

除非万不得已，不然尽量不要中途离席，实在要离席的话一定要学会说原因。如何说原因呢？按照不同的对象和场合，具体说明自己不得不离席的原因。

> 各位，对不住，家里出了点事，我可能要先回去了，你们慢慢吃，有机会我再找你们聚。

如果是普通朋友聚会，只要把真实原因说明即可。但如果还有领导在场，要先表达你的歉意，等在座的上宾都同意的情况下，才能离席。

> 各位领导，家里突然有点事，我可能要先回去了，很抱歉。

如果是两人一起吃饭，其中一人要先走，那么就要先买单，并说明原因。

> 抱歉啊，家里有点事，我先回去了。单已经买了，下次我再请你，真是对不住，这次不能陪你了。

如果是一男一女吃饭，而且不是男女朋友那种，且对方是女性，一般不要冒然离席，因为这样会给对方造成很大的误会。如果实在要离席，就要做到两点：

第一，把事情的经过说得很清楚，还要向对方保证下次再来弥补这次的缺席。

第二，如果可以的话，找一个人代替你来陪对方吃完这顿饭。

> 我有事先走了，单子我先买了。

> 什么？

当然，如果在场有长辈，需要先走到长辈身旁，跟长辈提前说明离场的原因，经得同意后再回到自己的位置，跟大家说明离场的原因。

> 二伯，我爱人下班时脚伤了，我先去接他。您慢慢吃，以后有机会我再请您吃饭。

如果是情侣或夫妻一起参加聚会，离席的时候要带上伴侣一起离席。

> 媳妇，咱们一起走吧。

总之，在离席之前，一定要照顾大家的感受，尽量做到体面得当。如果你学会了离席的礼节，就不会因为冒然离席而引起大家的反感了。

以上讲的离席话术都了解了吗？

第七章　通信联络，不见面的礼数

现在通信技术发达了，很多交往都可以通过通信来完成，不管是网络联系还是电话联系，都很方便。同时，新的技术也要配合新的交往技巧。

以前以书信来往，有书信写作技巧，现代用电话或网络交往，当然也会涉及新的社交礼仪问题。

本章带大家一起认识网络时代下的社交礼仪。

注意打电话的礼节

接打电话是一件很平常的事情,但是如果处理不当,就会影响到他人。所以,从一个人接打电话的方式,就可以看出他的道德品质。

接打电话时除了要注意周边环境外,还要注意通话对象,对不同的人也有不同的礼仪细节。

如果对方是老人,打电话时就需要声音大点,但是要使用温和的语气词,比如"您""好嘞"等,并注意时不时询问对方是否听得清楚。

爷爷,是我,小丽啊。

你是谁?

当然,如果对方是同龄人,就不能大声地跟对方通话,因为这样会造成误会,让对方以为你在"喊"他。

我没喝多!

昨晚你喝多了。

如果在公共场合打电话，而且周围是狭窄空间，就不能大声说话，这样会影响到周围的人。你可以半遮嘴轻声说话，或者直接跟对方说明现在不方便的情况，并承诺给对方回电。

喂，你谁啊？

在嘈杂的地方给对方打电话也是一种不礼貌的表现，对方或许会因为你周围的嘈杂声而听不清。

喂，我们那个项目，明天开始正式启动。

你说啥？明天那根橡木自己走动？

如果跟你通电话的人比较重要，就要放下手中的事，认真接电话。别以为对方看不到你在做什么，你就可以一边做事一边接听电话。因为很多细节是可以让对方感觉到你心不在焉的，这样会让他认为你不重视他。

邮件往来注意格式和语言

现在已经很少人写实体信而改用电子邮件交流了,而电子邮件的往来有很多要注意的礼仪知识点。如果不能掌握这些知识点,可能会闹出笑话。

一般而言，写电子邮件时要注明邮件主题，如果没有主题，别人会认为这封邮件不重要，甚至有些人根本不会看这种没有主题的邮件。

这个邮件没有主题，是垃圾邮件吧，直接删除！

主题的撰写要明确、精练，与内容相关，概括出对方需要了解的信息，还可以作出分类，以便对方快速了解与记忆。如果邮件比较紧急和重要，最好在邮件名称的前面注明"紧急"二字。

传送电子邮件之前，要确认收信对象是否正确，以免造成不必要的困扰。在必要和确实的情况下，抄送给需要知道事情进展情况的相关人员。比如，按照业务范围及工作职责直接抄送给主管领导。

写邮件的时候，需要先向对方问好。比如，"承蒙您的关照，我是××门店的经理××，××问题由我负责，文件我已收到，相关事宜也在处理中！"

邮件内容不要过多，因为有的邮件格式不会自动换行，所以如果一行邮件的内容过长，对方阅读时可能会不方便。在写邮件的时候，尽量每行控制在 35 个字左右。为了使邮件内容清晰明了，可以每 5~6 行为一段落，各个段落之间还要插入一个空行。在线沟通讲求时效，所以电子邮件的内容力求简明扼要，追求更高的沟通效率。

在邮件称呼上也有几个问题需要注意：

第一，如果有收件人的姓名，会让对方感觉更加友好。

第二，若知道对方的性别，可以用：××先生、××小姐、××女士等。

第三，如果知道对方的身份，可以用：××总经理、××经理、××董事长、××总、××董、××经理等。

正文要做到主题明确，语言流畅，内容简洁。在撰写正文时还应注意以下几点，以示礼貌和尊重。

（1）在撰写正文的时候，对部分想要强调的重点内容可采用加粗等表示方式。

（2）不要在信件中发泄不满，应正面解决问题。

（3）回复信件时可以加上部分原文，以便对方了解回信内容。

（4）若摘录的原文很长，应先把回复内容放到前面，原文内容附在后面。

（5）在收件人明白其意时，可使用缩写。

（6）如果有附件，应该在正文处说明附件的内容和用途。

网络社交需注意的细节

如同任何一种沟通方式一样，网络沟通同样存在着道德规范和文明礼仪。而且这些礼仪随着科技的发展，显得越来越重要。

> 上网还有啥礼仪，少上网、多睡觉才是最重要的。

> 上网也要讲礼仪的。

网络也是人与人交流的平台，互联网给予来自五湖四海的人们一个共同的地方聚集，这是高科技的优点，但往往也使得我们面对着电脑屏幕时，忘记了我们是在跟其他人打交道，有些人的行为也因此容易变得粗劣和无礼，平日在现实里不会说的话也敢发到网上了。

> 我不说话，就在群里默默看你们说些啥。

网上的道德标准和法律要求与现实生活是相同的，不要以为在网上社交就可以降低道德标准。

网络上的不同论坛或社群也有不同的规则。

在一个论坛中可以做的事情，在另一个论坛中可能就不被允许了。所以，你要先浏览其他人的发言之后再行发言，这样你就可以知道该论坛的气氛和可以接受的行为。

这个论坛不能说跟教育无关的话题。

在提问题以前，可以先自己花些时间去搜索和研究。

因为很有可能同样的问题已经被问过多次，现成的答案已经触手可及了。不要以自我为中心，因为别人为你寻找答案是需要消耗时间和资源的。

因为网络的匿名性质，别人无法从外观来判断你，因此你的一言一语就是别人对你印象的唯一判断。

如果你对谈论内容的某些方面不是很熟悉，建议找几本书看看再开口。同样，发帖以前仔细检查语法和用词，不要故意挑衅和使用脏话。

如果你在网络上提了一个有意思的问题而得到很多有趣的回答,特别是通过电子邮件得到的回复,你可以就这个问题写一份总结发给大家分享。

> 我先总结出来,再发出来给大家分享。

网上交际还需要注意隐私问题。

比如，别人与你的电子邮件或私聊记录就是隐私的一部分，是不能被公开的。如果你认识的某个人用笔名上网，也不能在未经同意的情况下将他的真名公开。要是不小心看到别人电脑上的电子邮件或秘密，也不应该到处广播。

> 我要是把他网上这段聊天记录截下来发到网上，他就"火"了。

第八章　对外交往，相互尊重

　　随着时代的发展，越来越多的外国人来华旅游、工作、学习、生活。那么我们在遇到外国人时，应该如何跟他们打交道呢？

　　本章带大家一起了解跟外国人交往时的社交礼仪。

谦虚是中华民族的传统美德

从小长辈就告诉我们，做人要谦虚，但是真正能做到的人并不是很多。之所以有些人没有做到，是因为他们还没有实际得到过谦虚带来的好处。

另外，有些人不仅没有认识到谦虚的好处，还因为不断吹捧自己得到了心理上的满足，这种满足感又促使他不再谦虚，逐渐变成一个骄傲的人。

谦虚是中华民族的传统美德，在与西方人交往时，我们也要保持我们的传统美德，继续谦虚做人，切忌吹嘘。

实事求是才能跟人务实合作，如果夸大了事实，合作起来就会变得困难重重。

谦虚是一种美德，但是也别谦虚过头了，因为谦虚过头就变成了卑微。特别是在外国人面前，如果你显得卑微，他就会以为你不行，而不知道你只是谦虚。

我能力有限。

啊？那我还是换个人吧！

谦虚还能体现在表情上，很多人嘴里不说，但是表情却能告诉别人他很谦虚。而且，这种表情语言是全世界通用的，外国人也能看得懂。

请多指教。

你真谦虚。

当遇到原则性问题时，保持谦虚的同时也要很严谨，比如，向外国人介绍你家乡的古建筑有多长历史时，就需要实事求是地说，不要有多余评论。

总之，遇到外国人时，首先要谦虚，学习他人的优点。不要锋芒毕露，以免在无形中增加了竞争对手。谦虚是一种美德，对我们的成长进步一定是有帮助的，谦虚的人做事更稳重，还可以让你的合作伙伴觉得你没有攻击性，更愿意把事情委托给你。

我们中国人讲究谦虚。

这个传统美德真好。

尊重他国习俗

国与国之间会有诸多不一样的风俗习惯，每个国家的风俗习惯都是独特而严肃的，所以我们要学会相互包容和尊重。

你的衣服很好看。

谢谢，您的衣服也很漂亮。

外国人一般性情开朗、乐于交际、不拘礼节。

第一次见面不一定行握手礼，有时只是笑一笑，说一声"Hello"就行了。

在握手的时候习惯握得紧一些，眼睛会正视对方，微微弓身。

在告别的时候，挥挥手或者说声"See you"就可以离开了。

有些外国人讲究绅士风度，讲究文明礼貌，注重修养，同时也要求别人对自己有礼貌。

他们对师长、上级和不熟悉的人时会用尊称，并在对方姓名前面加上职称、职务或先生、女士、夫人、小姐等称呼；而在亲友和熟人之间常用昵称。在大庭广众之下，他们一般不行拥抱礼，初次相识的人相互握手，微笑并说"你好"就已经足够了。

有些外国人热情开朗，初次见面就能亲热交谈，而且滔滔不绝。

他们讲究服饰美，特别是女性的穿着非常时尚，并且喜欢使用化妆品，女性光是口红就有早、中、晚之分。

这是早上的口红，我中午的口红丢哪了呢？

赠送礼物要有来有往

这是我们家乡的特产,送你一盒。

在对外交往中,互赠礼物是很常见的方式。那么,我们应该如何向外国人送礼呢?

这个礼物送给你。

真精致,谢谢。

具有民族特色的手工艺品是上好的礼品,同时包装也要精美。

不同国家的人对礼品的数字、颜色、图案等都有诸多忌讳，送礼物时就要注意，事先了解清楚，以免误会。

在西方习俗中，赠受双方都喜欢共享礼品所带来的欢快。

所以西方人馈赠礼物时，受赠人常常当着赠礼人的面打开包装并表示赞美后，邀请赠礼人一同享受或欣赏礼品。

> 天啊，这礼物太漂亮了。

一般情况下，西方人的赠礼环节常设在社交活动即将结束时，即在社交已有成果后才进行。

> 谢谢你送我的礼物。

总之，随着我国的发展日益加快，跨国交际日益增多，中西方礼仪文化的差异会让越来越多的普通人有所体会。这种差异带来的影响是不容忽视的，所以我们有必要了解这些礼仪的差异。

参与舞会的礼节要掌握

舞会，在西方国家中非常盛行，后来也传到我国，成为一种流行的交际形式。但是很多人不懂舞会的礼节，往往会闹出笑话。下面，我们就来讲讲应该如何参加舞会。

根据国际惯例，男性应该向女性发出共舞邀请。但若遭到对方拒绝就应该礼貌退场，不能强求。

177

一般情况下，女士是不用主动邀请男士的。但特殊情况下，比如需要邀请长者或者贵宾共舞时，则可以不失身份地表达，比如，"先生，请您赏光"或"我能有幸请您共舞一曲吗？"

先生，请您赏光。

如果女士同时面对两位或者两位以上的邀请者时，最能顾全大家面子的做法是全部委婉的谢绝。要是两位男士一前一后过来邀请，则可以按照先来后到的顺序，接受先到者的邀请，同时诚恳地对后面的人表示抱歉。

很抱歉，下一次吧。

依照国际规定,结伴而来的一对男女,只需一同跳第一支舞曲就可以了。从第二支曲子开始,大家应该有意识地交换舞伴,以认识更多的朋友。

舞会是通过跳舞交友、会友的场合,所以在舞会上尽量不要轻易拒绝他人的邀请。实在想要拒绝时,要注意分寸和礼貌用语,委婉地表达。

在舞会上是最能体现一个人的绅士风度的时候。

作为一个绅士，跳舞时一定要与舞伴保持一定的距离，左手轻扶舞伴的后腰，右手轻托舞伴的右掌。在旋转的时候，男士一定要舞步稳健，动作协调，同舞伴一起享受华尔兹的优美。万一发现女士晕眩，男士一定要做好护花使者的角色，将其护送回原位。在一支曲子结束后，也要礼貌地将女士送回座位，互相道谢后，再去邀请另一位女士。

无论是参加朋友的私人舞会，还是正式的大型舞会，遵守时间是首要的礼仪。至于离开的时间则因情况而异。如果是朋友的私人舞会，最好到舞会结束后再行离去，这也是对朋友的支持。其他的舞会，如果有事，在两三首曲子后就可以离开了。

还有一些其他需要注意的小细节。

比如，女士的小手袋是晚礼服的必需配饰，能起到非常重要的装饰作用，缎子或丝绸做的小手袋更必不可少。

晚礼服一定要配戴首饰，最好是配戴成套的首饰，包括项链、耳环、手链等。晚礼服是盛装，因此最好要佩戴比较贵重的珠宝首饰，在灯光的照耀下，它们会为你增添光彩。

而男士的礼服一般是黑色的燕尾服，要搭配黑色的漆皮鞋。正式的场合需戴白手套。男士的头发一定要清洁，因为跳舞时两人的距离较近，应该给对方留下一个好印象。

第九章　面对交际中的突发事件，别让不懂礼仪害了你

在交流当中，我们会时不时面对突发事件，这时就需要我们有过人的协调处理能力才能完美解决问题。

但是不管遇到什么类型的突发问题，如果你不懂社交礼仪，就有可能让事件的影响进一步扩大。

巧用自嘲化解窘境

自嘲，就是当自己的需求无法得到满足而导致心理失衡时，为了消除内心的烦闷，有意弥补自己的失衡，以此进行自我安慰，同时化解人际交往中的尴尬和矛盾。

人的一生，谁都难免有失误和缺陷存在，也都会碰到尴尬的处境。在这种时候，越是遮遮掩掩，心理就越会失衡，所以适当进行自嘲能够化解矛盾。自嘲既能让人摆脱尴尬，也能让自己解脱，从失衡中找回自信。

> 我个子不高，所以即使我摔倒了，我也能快速爬起来，继续演讲。

现实生活中，适当拿自己的错误开开玩笑，既使人开怀大笑，又为自己铺好了沟通之路。具有自我解嘲色彩的欢笑是你与别人进行内心沟通的最短道路。

善于自我解嘲不仅能让你从尴尬中走出来，也能让他人看到你的智慧和善意，不仅不失面子，还能更好地与他人沟通交流。何乐而不为呢？

我可不笨，我只是大智若愚。

每个人或多或少都有一些缺点。

当你提前意识到这些缺点可能会成为别人取笑、调侃的谈资时，不妨抢先一步进行自嘲。如此一来，别人要再想对你的缺点进行嘲笑，对大家也没有什么新意和吸引力了。

同样的方式也适用于出糗时。当自己不小心出糗，不妨主动用自嘲解围。主动引人发笑，别人便难以再生事端。

举个例子，当你在朋友面前摔了一跤时，不妨拍拍屁股，说："还好我肉多，不然非得摔碎我这把骨头不可。"当你提前自嘲后，身边的人自然会发笑，但却不会再进一步对你的糗事进行集中讨论。这样的自我解围才是高明的沟通方法。

很多时候，有些人总会将自嘲等同于自贬。而事实上，自嘲与自贬有着本质的区别。

自嘲是一种豁达的人生态度，是积极乐观的象征，而自贬往往带有消极的成分。最简单的对比莫过于面对自己身材较胖的特征，自嘲的人会说："谁身上还没二两肉？只不过我这是四两肉罢了。"但自贬的人往往会说："我长得胖，所以没有人喜欢我。"两种不同说法代表了两种不同的心态。自嘲的人因其豁达而引人尊重，但自贬的人往往更容易受人鄙夷。

如果一个人连自己都不喜欢自己的话，又如何能赢得别人的尊重与赞赏呢？所以，在沟通时，要学会自嘲，而不是自贬。不管是谁，都有不足，但同时也都有自己的闪光点。懂得自嘲的人正是明白这一点，所以才不会在乎自己的小缺陷。

但有些时候，自嘲未必能让人得到自己想要的结果，还容易引人记恨。这可能因为你在自嘲的时候，没有留意身边的听众。

举个例子，如果你当着一个比你更胖的人的面自嘲身体发福，在对方听来，你的自嘲更像是对他的嘲讽。如此一来，你的自嘲反而伤了对方的自尊心，对方又怎么可能笑出声来呢？同样的，如果你当着一个病人的面自嘲自己体弱多病，那对方难免会因此联想到自己的病情，而对你心生不满。

可见，在自嘲时，也要考虑听众的情况。不要当着老人的面自嘲年老体衰，不要当着个子不高的人的面自嘲身材矮小。只有注意这些问题，你的自嘲才有意义，才能让人对你心生敬意。

在人际沟通中，懂得自嘲的人是最聪明的人，你越擅长自嘲，你就越强大。当然，这需要你有一颗很强大的内心。

寻找化解矛盾的方法

不知道在日常生活当中,你有没有遇到过这样的事情?

你与朋友、亲人、同事等发生误解的时候,如果你没有主动与他们沟通和解释,最终只会让关系越来越僵,甚至根本没有回转的余地。即便最初只是一点小小的误解,但不及时解开的话,到最后你会失去很多东西。

其实对于这样的遗憾,我们完全可以凭借自己的力量消除,那就是在与别人产生误解时,及时主动地上前与其沟通,把矛盾化解。

首先，必须要做到主动。

很多时候人们往往碍于自己的面子，一般不会选择先向别人解释，认为这样自己就会处于弱势地位，就低人一等了。但其实在这个时候，如果你能够做到主动和大度一点的话，就会产生意想不到的效果。

> 快，赶快打电话跟小王同学道歉，我把他的铅笔弄丢了。

其次，化解矛盾时态度要诚恳。

在跟别人寻求和解的时候，态度是非常重要的。如果你高高在上，带着一种挑衅的态度来跟别人谈判，相信一定不会取得好的效果。

所以说，这个时候你应该表现得真诚一点，让对方看到你的诚意，这会使得你们之间的交流更加顺畅。

最后，在化解矛盾的过程中，要保持冷静。

在日常生活中，我们也经常见到一些人，虽然原本要下定决心跟别人和解，但却往往还没有解决问题就又翻脸了，这样是没有意义的。

所以说，你一定要时刻保持冷静清醒的头脑，抱着希望解决问题的决心，不要轻易动气，这样才会取得你想要的效果。

其实每天在我们的工作和生活当中，与人接触的机会非常多，所以矛盾和误解自然也就有很多。

每个人每天面对着那么多的琐事，难免会有一些疏忽之处。产生矛盾和误解是难免的。这时只要能够做到及时沟通，敞开心扉把自己的想法都说出来，站在别人的角度仔细想一想，你们之间的误解也许就会烟消云散了。

所以，无论我们遇到什么样的矛盾和误解，都要及时主动地和别人沟通。这样做不仅是爱护自己，更是一种礼貌和修养，能给别人留下一个好印象。

面对指责微微一笑

面对别人的指责，要用微笑化解。

如果你坚持你的立场是对的，并且对方的指责没能对你构成身体上的伤害或名誉上的损失时，就不要一个劲地与对方辩驳。

要做到面对他人的指责时保持微笑,就要先摆正自己的心态,别被对方的话语影响,多想想事情的解决办法。

你的微笑要注意保持平和，不要微笑过度，不要让对方觉得你的微笑是对他的藐视。

当你的微笑不能停止对方的指责时，你可以选择收回微笑，同时离开现场，暂时回避。

时刻记住你的微笑是发自平和的内心，而不带有任何情绪，让对方感受到他的无端指责其实对你没有任何影响。但一定要坚持到底，不能中途放弃，突然跟对方辩驳起来。

总之，跟无端指责你的人辩论，是在浪费你的精力，只要你保持微笑，一切都能因你的微笑而化解，哪怕对方是"豺狼虎豹"，都会被平和的你感动。

你要不断激励自己，无论听到什么话都要保持冷静，不然一<u>丝丝</u>情绪都有可能破坏你的一切坚持。

巧妙拒绝无理要求

拒绝他人的无理要求，是一件困难的事，处理不好便会把拒绝变得更复杂，而处理得好则能皆大欢喜。所以，在拒绝他人的时候，我们要讲究"巧妙"二字。

> 兄弟，我很愿意借钱给你，只是囊中羞涩，实在不敢充这个胖子。

当别人向你提出一些无理的要求时，不要直接作出反应，先摆出聆听的姿态，再避开实际性问题，说一些模棱两可的话，这样就可以在不知不觉中拖延过去了。

当别人提出的要求自己难以做到时，那就先表明自己的拒绝立场，然后给对方提出一些可以解决这个事情的方法或思路。之后不管成功与否，他都不会怪你的，并且还会感谢你提供的建议。

拒绝的时候可以采用一些幽默的方式和话语。不仅维护了对方的自尊，还能让自己成功拒绝他的要求。幽默是一门艺术，需要根据实际情况随机应变。

> 我要是能帮你办成这件事，我估计都成神仙了。

如果不管你采用什么方式拒绝，对方都死缠烂打，非要求你帮忙。面对这种情况，就不要顾及什么关系和面子了，只好直接拒绝了。虽然这样会影响到两人以后的关系，但也是最好、最有效的拒绝方式了。既然他不为你考虑，那么你也没必要为他考虑了。

> 我直白地跟你说，我没法帮你，我不需要买这份保险，谢谢。

说话干脆不啰嗦

跟人交流的时候，不要吞吞吐吐，因为这样会给人留下不真诚的印象。说话干脆利落，才能给人落落大方的感觉。

如何才能做到说话干脆呢？其实你只要捋清楚以下几点就行。

第一，明确自己的需求和沟通的意义。

至少要弄明白自己说话的方向，以及你的需求是什么，沟通对象的需求又是什么，然后尝试用一句话总结你的核心想法。

第二，说话不是简单的表达，开口就要传递信息，塑造自己的影响力。

要清楚自己说话时的状态、情绪的起伏高低和对应的语言节奏。喜悦、疑问、惊奇、感慨、无奈、愤怒、遗憾、期望等不同情绪，一定要通过语言表达出来。因为没有情绪的表达，是苍白的，也是不干脆的。

第三，所有沟通表达的高手，都有缜密的逻辑。

不说废话，能直击要点，切中核心。何为表达的逻辑？就是语言组织有自己的结构和规律。

当然，要让自己说话干脆、不啰嗦，还需要多做一些练习。

首先你要相信别人的理解能力，不要老是觉得对方听不明白，然后反复解释，一旦解释多了，就会变得啰嗦了。

另外，要区分不同场合使用修辞方法。有时候要少用比喻，要直接点出问题所在，如果比喻用多了，语句就变长了。另外，排比的表述方式也要少用，不然你的逻辑就会变得混乱。

总之，与人交谈时，头脑里要有整体的构思，而且可以做到分成不同的重点去叙述，以最恰当的言辞表达你的观点。

与人沟通还要自然大方，应对自如。最好的办法就是多听多练习，真正交谈的时候不要着急，把谈话对象放在与自己平等的位置上，这样就可以实现高效沟通了。